HOCHSCHULE KEHL
UNIVERSITY OF APPLIED SCIENCES
Verwaltung - Gestalten & Entwickeln

Der Scrum Master in der öffentlichen Verwaltung

von

Gabriele Meier-Schmidt

Bibliografische Information der Deutschen Nationalbibliothek:

Die Deutsche Nationalbibliothek verzeichnet diese Publikation in der Deutschen Nationalbibliografie; detaillierte bibliografische Daten sind im Internet über http://dnb.dnb.de abrufbar.

Herstellung und Verlag:

BoD – Books on Demand, Norderstedt

ISBN: 9783758303586

„Die reinste Form des Wahnsinns ist es, alles beim Alten zu lassen und gleichzeitig zu hoffen, dass sich etwas ändert."

Albert Einstein

INHALTSVERZEICHNIS

ABBILDUNGSVERZEICHNIS

TABELLENVERZEICHNIS

TERMINOLOGIE

In den nachfolgenden Texten werden die englischen Originalbegriffe der Methode Scrum verwendet. Diese werden im Glossar erläutert.

Um in der Sprache Frauen, Männer und alle Personen ohne eindeutige geschlechtliche Zuordnung sichtbar zu machen, werden die entsprechenden Begriffe gegendert.

Die englische Sprache kennt keine Geschlechtlichkeit der Begriffe und kein Gendern. In dieser Arbeit werden die englischen Originalbezeichnungen Scrum Master, Product Owner, Agile Coach und Stakeholder daher nicht gegendert. Stattdessen wird das Pronomen ‚ein' genutzt und mit der Sprachregelung er*sie fortgeführt.

Wörtliche Zitate sind von dieser Sprachregelung nicht erfasst.

1 ZUSAMMENFASSUNG

Diese Arbeit beschäftigt sich mit der Frage, ob ein Scrum Master, eine der Rollen des agilen Projektmanagements, in der öffentlichen Verwaltung sinnvoll eingesetzt werden kann. Auf Basis von Forschungsberichten, Fachliteratur und Interviews wird die Situation des Projektmanagements in der Verwaltung der Methode Scrum gegenübergestellt. Der Fokus liegt dabei auf den Einflussmöglichkeiten eines Scrum Masters und der Frage der Vereinbarkeit mit der spezifischen Projektumgebung im öffentlichen Dienst. Die Analyse zeigt, dass diese Rolle einen erheblichen Nutzen bringen kann, sowohl für das Projektmanagement selbst wie auch für weitere Themenfelder. Gleichzeitig wird deutlich, dass es neben einem Scrum Master weiterer Maßnahmen bedarf, um agiles Arbeiten sinnvoll in der Verwaltung zu verankern.

2 EINLEITUNG

In der privatwirtschaftlichen Arbeitswelt wird agiles Arbeiten immer präsenter, in Form von agilem Projektmanagement, agilen Teams, agiler Unternehmenssteuerung. Und es werden immer wieder Stimmen laut, die proklamieren, die Verwaltung müsste unter anderem ebenfalls agiler werden. So sagte der stellvertretende dbb Bundesvorsitzende Jürgen Böhm 2019 im Rahmen des Creative Bureaucrazy Festivals in Berlin: „Der öffentliche Dienst der Zukunft ist agil, vielfältig und digital (…).“[1] Bei einem Festakt zum 125-jährigen Bestehen des Verbands der Verwaltungsbeamten Baden-Württemberg (VdV) in Stuttgart sagte Ulrich Silberbach, Bundesvorsitzender des dbb: „Unterbesetzt, überaltert, schlecht bezahlt – so kann und darf es nicht weitergehen. Allen voran die Beschäftigten wollen einen öffentlichen Dienst der Zukunft, der mobil, agil, divers und digital ist.“[2]

---

[1] Böhm 2019.
[2] Silberbach 2018.

Nun passt das agile Mindset nicht originär zum öffentlichen Dienst, denn agil zu arbeiten bedeutet vor allem auch, hierarchiearm und selbstgesteuert zu arbeiten. Die Verwaltung ist jedoch von langen Entscheidungswegen über die Führungsebenen und einer geringen Gestaltungsfreiheit des Einzelnen geprägt. Agilität ist auch und vor allem eine Haltung, die sich nicht per Beschluss verordnen lässt. Eine niederschwellige Einstiegsmöglichkeit ins agile Arbeiten ist das agile Projektmanagement, dessen häufigster Vertreter das Framework Scrum ist. In der Verwaltung werden Projekte weitgehend mit klassischen Methoden bearbeitet. Eine Projektleitung steuert ein Projektteam mit der Wasserfallmethode. Scrum hingegen kennt drei Rollen, einen Product Owner, einen Scrum Master und das Developerteam. Projektleitung und Product Owner haben – neben entscheidenden Unterschieden - eine grundsätzlich ähnliche Funktion, ebenso wie Projektteam und Developerteam. Einzig ein Scrum Master hat im klassischen Projektmanagement keine Entsprechung. Ein Scrum Master sorgt innerhalb eines Projekts dafür, dass die Regeln des Scrum Frameworks eingehalten werden, dass die Zusammenarbeit aller Beteiligten funktioniert und er*sie ist zur Stelle, wenn Probleme die reibungslose Arbeit des Teams bedrohen.

Die Herausforderungen, vor denen die öffentliche Verwaltung steht, sind zahlreich, vielfältig und komplex. Allein die Digitalisierung hat derart viele Spielarten und Aspekte, dass dieses Themenfeld nahezu alle Aufgabenbereiche berührt – und verändert. Die öffentliche Verwaltung wurde jedoch nicht für die Bewältigung derartiger Veränderungsprozesse konzipiert. Immer mehr Veränderungen in immer kürzerer Zeit umzusetzen, erfordert eine andere Herangehensweise als bisher. Eine Herangehensweise, die effizienter, effektiver und flexibler ist.

Diese Arbeit stellt die Frage, ob die öffentliche Verwaltung zu diesem Zweck die Funktion eines Scrum Masters benötigt. Sie untersucht, welche Rahmenbedingungen Projektarbeit in der Verwaltung hat, welche Schwierigkeiten auftreten und ob ein Scrum Master behilflich sein kann.

Zum Aufbau der Arbeit: In Kapitel 3 GRUNDLAGEN werden Definitionen und Erläuterungen zu den Themen Projektmanagement und Agilität sowie zu einem Modell aus der Motivationspsychologie dargestellt. Der Grundlagenteil wird durch Inhalte aus diversen Studien und Forschungsberichten sowie Informationen zu den geführten Interviews vervollständigt. In Kapitel 4 ERGEBNISSE wird die Frage nach dem Nutzen eines Scrum Masters für die öffentliche Verwaltung hergeleitet und beantwortet. Kapitel 5 DISKUSSION beleuchtet den Zusammenhang zwischen den Ergebnissen und den Grundlagen. Bestandteil des Kapitels Diskussion ist außerdem eine kritische Betrachtung dieser Arbeit. Kapitel 6 FAZIT fasst die Erkenntnisse kurz und prägnant zusammen und wirft weitere Forschungsfragen auf, die die dargestellten Erkenntnisse fortführen. Ein kurzer Ausblick auf die mögliche Entwicklung des agilen Arbeitens in der öffentlichen Verwaltung bildet den Abschluss dieser Arbeit.

3 GRUNDLAGEN

3.1 Projektmanagement

Unter Projektmanagement versteht man die Gesamtheit aller Tätigkeiten hinsichtlich Führung, Planung, Steuerung und Überwachung innerhalb eines Projekts zur Erreichung der Projektziele. Dabei sollen insbesondere Qualität, Kosten und Termine eingehalten werden.[3]

3.1.1 Projekt: Definition

Auch und gerade in der öffentlichen Verwaltung kommt es vor, dass der Begriff der Projektarbeit inflationär und wenig präzise genutzt wird. Zur Vorbereitung auf das Thema Projektmanagement ist es daher notwendig, den Begriff Projekt zu definieren und ihn gegen Aufgaben im Rahmen der Linienorganisation abzugrenzen.

---

[3] vgl. Känel 2020, S.65

„Ein Projekt ist ein Vorhaben, das im Wesentlichen durch die Einmaligkeit der Bedingungen in ihrer Gesamtheit gekennzeichnet ist, z. B. Zielvorgabe, zeitliche, finanzielle, personelle oder andere Begrenzungen, Abgrenzung gegenüber anderen Vorhaben und projektspezifische Organisation."[4]

Folgende Merkmale kennzeichnen ein Projekt:

- Abgrenzbares Einzelvorhaben mit definiertem Anfang und Ende: ein wichtiger Schritt zur Eindeutigkeit liegt in der Abgrenzung der Tätigkeiten innerhalb bzw. außerhalb des Projekts. Allen Projekten gemein ist eine zeitliche Begrenzung.
- Termindruck: in der Regel haben Projekte ein definiertes Enddatum, dass unbedingt einzuhalten ist.
- Ungewissheit: üblicherweise ist das im Projekt zu erreichende Produkt neuartig, was zu unberechenbaren Einflüssen und Unsicherheiten führt.
- Begrenzte Ressourcen: die zur Verfügung stehenden Ressourcen wie Personal, Budget oder Zeit sind in der Regel begrenzt und müssen zielgerichtet eingesetzt werden.
- Interdisziplinarität: zur Durchführung der Aufgaben innerhalb eines Projekts sind regelmäßig verschiedene Fachgebiete erforderlich.
- Lange Zeithorizonte: Projekte weisen häufig eine lange Laufzeit auf, mitunter Jahre.
- Unterschiedliche Interessenlagen: verschiedene Beteiligte, sog. Stakeholder, beeinflussen das Projekt mit ihren jeweiligen Einzelinteressen.
- Komplexität: vielschichtige Aufgaben erfordern ein gewisses Knowhow.[5]

---

[4] Deutsches Institut für Normung 2009
[5] vgl. Peters und Schelter 2021, S. 2-3

3.1.2 Klassisches Projektmanagement

Das klassische Projektmanagement ist geprägt von einem eindimensionalen Prozess, der nur eine Richtung kennt. Ein Merkmal ist das Wasserfall-System, in dem die Aufgaben linear nacheinander bearbeitet werden[6] (Abb. 1). In einem Projektstrukturplan werden alle Elemente, Teilprojekte und Arbeitspakete, vollständig dargestellt. Dieser Plan dient der systematischen Erfassung aller Projektaufgaben und untergliedert das Projekt in plan- und kontrollierbare Teilaufgaben. Er ist Kommunikationsmittel, stellt den Projektinhalt übersichtlich dar, definiert die Projektstruktur und ist die Basis für nachfolgende Managementaufgaben wie Terminplanung, Aufgabenverteilung, Personal- und Kostenplanung, etc.[7]

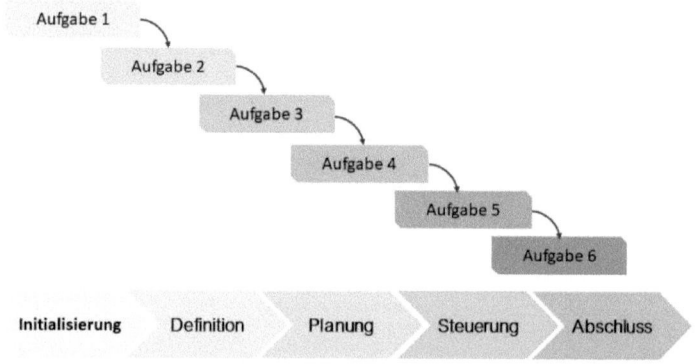

Abb. 1: Projektmanagement Wasserfallmethode (Meier-Schmidt[8])

3.1.2.1 Ablauf von klassischen Projekten

Ein Projekt gliedert sich in Phasen. In der Praxis weit verbreitet ist das IDPSA-Modell. Das Akronym steht für folgende Abschnitte:[9]

---

[6] vgl. Känel 2020., S. 61
[7] vgl. Peters und Schelter 2021, S. 68-69
[8] Meier-Schmidt 2021b.
[9] vgl. Peters und Schelter 2021, S. 11

- Initialisierung: Die Idee wird konkretisiert mit dem Ziel eines genauen und gemeinsamen Verständnisses. Alle Beteiligten müssen das Projektziel detailliert verstanden haben.[10]
- Definition: Auf Grundlage dieses Ziels werden Vorgehensweisen und eine erste grobe Projektstruktur geplant.[11]
- Planung: Das Projekt wird in Bezug auf Aufgaben, Ressourcenbedarf, Kosten, Zeit und Termine genauer geplant.[12]
- Steuerung: Die Pläne werden abgearbeitet und diese Arbeit laufend abgeglichen. Bei zu großen Abweichungen wird über Maßnahmen gegengesteuert. Diese Projektkontrolle führt zum erfolgreichen Abschluss des Projekts.[13]
- Abschluss: In dieser letzten Projektphase wird der Verlauf des Projekts betrachtet, Fehler analysiert und wiederverwendbare Ergebnisse gesichert.[14]

3.1.2.2 Rollen in klassischen Projekten

„Unter einer Rolle im Projektmanagement versteht man eine temporäre Position einer Person oder eines Gremiums innerhalb der Projektorganisation, die mit gewissen Befugnissen/Kompetenzen und Verantwortlichkeiten ausgestattet ist."[15] Im klassischen Projektmanagement sind folgende Rollen obligatorisch (Abb. 2):

- Lenkungsausschuss
  Soweit ein Lenkungsausschuss erforderlich ist, übernimmt er die Rolle der generellen Steuerung und Vorentscheidung im Projektprozess. Auch externe Berater*innen und Stakeholder können hier beteiligt sein.
- Auftraggeber*innen
  Sie erteilen den Projektauftrag und entscheiden über die Projektressourcen. Im Prozess sind sie erste

---

[10] vgl. Peters und Schelter 2021, S. 11
[11] vgl. Peters und Schelter 2021, S. 12
[12] vgl. Peters und Schelter 2021, S. 12
[13] vgl. Peters und Schelter 2021, S. 12
[14] vgl. Peters und Schelter 2021, S. 13
[15] Dechange 2020., S. 45

Ansprechpartner*innen für die Projektleitung bei Problemen der Projektrealisierung. Sie erhalten kontinuierlich Informationen über den Stand der Projekterfüllung.

- Projektleitung
Die Projektleitung trägt die Verantwortung für die Projektrealisierung und leitet das gesamte Projektteam. Sie wird in alle Abstimmungs- und Entscheidungsprozesse eingebunden. Die Führung bezieht sich sowohl auf das Projektteam als auch auf Lenkungsausschuss und Auftraggeber*innen, um die erforderlichen Entscheidungen zu befördern.
- Projektteam
Sie bearbeiten die fachlichen Komponenten des Projekts auf Basis ihres Wissens und ihrer Kompetenzen.[16]

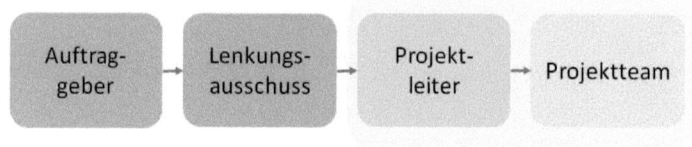

Abb. 2: Aufbau klassisches Projektmanagement (Meier-Schmidt[17])

3.1.3 Agiles Projektmanagement mit Scrum

Scrum ist ein Rahmenwerk für agiles Projektmanagement. Es besteht aus einfachen Regeln, drei Rollen, drei Artefakten und fünf Events[18]. Die Methode basiert auf den empirischen Säulen Transparenz, Überprüfung und Anpassung[19]. Ken Schwaber und Jeff Sutherland entwickelten die Methode Scrum bereits in den 90er Jahren und stellen den entsprechenden Leitfaden, den Scrum Guide, in der jeweils neuesten Version im Internet für jedermann zur Verfügung.

---

[16] vgl. Känel 2020, S. 120
[17] Meier-Schmidt 2021a.
[18] vgl. Simschek 2020, S. 90
[19] vgl. Schwaber und Sutherland 2020, S. 3-4

Mit Scrum als Projektmanagement-Methode zu arbeiten bedeutet, dass ein Product Owner (Rolle 1) die Aufgaben innerhalb eines Projekts in ein Backlog, eine Art Aufgabenspeicher, einsortiert. Das Developterteam (Rolle 2) erledigt eine Anzahl dieser Aufgaben während eines Sprints, eines Zeitraums von ein bis vier Wochen, und erzeugen so ein Teilergebnis des Projekts. Das Scrum Team überprüft gemeinsam mit den Stakeholdern die Ergebnisse und passt diese für den nächsten Sprint an. Dieser Ablauf wiederholt sich so lange, bis das Produkt des Projekts vollständig und auslieferbar ist. Ein Scrum Master (Rolle 3) begleitet und fördert diese Arbeit (Abb. 3).[20] Ein besonderes Merkmal ist die iterative Vorgehensweise mit dem Ziel, in jeder Phase des Projekts Feedback zu liefern und zu berücksichtigen[21].

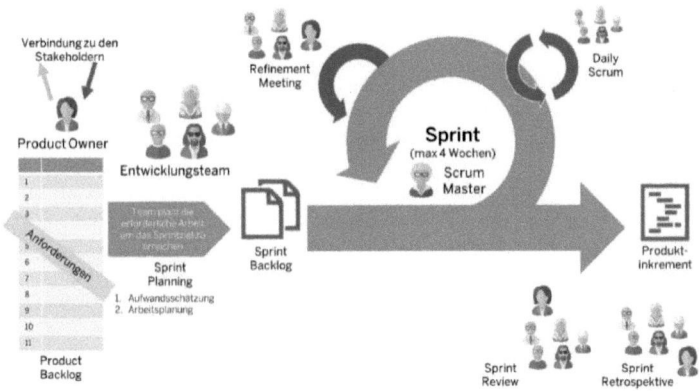

Abb. 3: Darstellung des Scrum-Prozesses (myconsult GmbH[22])

3.1.3.1   Ablauf bei Scrum

Zu Beginn der Arbeit in einem Scrum Team wird eine Produktvision entwickelt, die jeder im Team kennen muss. Sie sollte einfach zu verstehen, konkret, mitreißend und verbindlich sein. Aus dieser Vision

---

[20] vgl. Schwaber und Sutherland 2020., S. 3
[21] vgl. Wintersteiger 2018, S.16
[22] myconsult GmbH 2021.

entstehen die ersten Teilprojekte, aus denen wiederum das Product Backlog (Artefakt 1) resultiert.[23] Um diese Einträge für einen Sprint aufzubereiten, werden sie während des Refinements in kleinere, präzisere Teile zerlegt und weiter definiert[24].

Die Gesamtmenge der Aufgaben wird auf mehrere Sprints verteilt, die immer gleich lang sind. Am Beginn eines Sprints (Event 1) steht das Sprint Planning (Event 2), in dem das Sprint Backlog (Artefakt 2) – also die für diesen Sprint zugewiesenen Aufgaben – erstellt und das Sprint Ziel festgelegt wird. Jeden Tag trifft sich das Developerteam in einem Daily Meeting (Event 3), um sich gegenseitig zu informieren und zu überprüfen, ob das Sprint Ziel – ein Teilergebnis (Artefakt 3) - noch erreicht werden kann. Am Ende des Sprints steht zum einen das Review (Event 4), in dem sich das Team das Sprintergebnis ansieht und mit den Stakeholdern bespricht. Außerdem wird in einer Retrospektive (Event 5) der Arbeitsprozess selbst betrachtet und optimiert (Abb. 3). Alle Meetings, Events genannt, sind in ihrer Länge begrenzt, haben ihre exakte Timebox.[25]

Ein Scrum Team ist eher klein, es besteht üblicherweise aus maximal zehn Personen. Innerhalb des Teams gibt es keine Hierarchien; das Team organisiert sich selbst, entscheidet intern über das Wer, Was, Wann und Wie. Das wird auch durch die interdisziplinäre Zusammenstellung des Teams ermöglicht, dadurch verfügt es über alle notwendigen Fähigkeiten zur Erreichung des Ziels.[26]

3.1.3.2 Rollen bei Scrum

Die Methode Scrum kennt die Rollen Product Owner, Developerteam und Scrum Master (Abb. 4):

---

[23] vgl. Wintersteiger 2018, S. 203
[24] vgl. Schwaber und Sutherland 2020, S. 11
[25] vgl. Bartonitz et al. 2018, S. 66
[26] vgl. Schwaber und Sutherland 2020, S. 5

- Product Owner

Ein Product Owner ist für den Erfolg des Projekts verantwortlich[27]. Er*sie sammelt die Aufgaben und bereitet sie – meist in Form einer User Story – so vor, dass sie umgesetzt werden können[28]. „Der Produkt Owner ist auch dafür verantwortlich, eine Produktvision zu etablieren […]. Dabei geht es darum, ein grobes Ziel aufzuzeigen: was das Produkt werden soll und warum es entwickelt wird. Diese Vision dient dem Scrum-Team als Leitlinie durch das Entwicklungsvorhaben."[29]

Diese Rolle entspricht nur auf den ersten Blick der einer Projektleitung in einem Wasserfallprojekt. Tatsächlich liegen jedoch viele Aufgaben einer Projektleitung beim Team oder einem Scrum Master. Wenn es auch nicht erwünscht ist, so kommt es doch vor, dass Linienvorgesetzte gleichzeitig die Rolle eines Product Owners einnehmen. In diesem Fall ist es nötig, die Interessen seines Linienbereichs von den Zielen des Scrum-Teams zu trennen und die Selbstorganisation des Teams zu respektieren.[30]

- Developer Team

Die Developer sind die Personen im Scrum Team, die in jedem Sprint ein nutzbares Teilergebnis, ein Increment, produzieren. Sie sind ergebnisverantwortlich dafür, das Sprint Backlog zu erstellen, ihren Plan zur Erreichung des Sprintziels täglich anzupassen und sie sichern die Qualität durch die Einhaltung der Definition of Done.[31] „Diese ist eine formale Beschreibung des Zustands eines Increments, wenn es die für das Produkt erforderliche Qualität erfüllt."[32]

- Scrum Master

Die Rolle eines Scrum Masters markiert vielleicht den größten Unterschied zu der Arbeit mit der Wasserfallmethode, in der diese

---

[27] vgl. Wintersteiger 2018, S. 44
[28] vgl. Bartonitz et al. 2018., S. 65
[29] Wintersteiger 2018, S. 45
[30] vgl. Wintersteiger 2018, S. 47
[31] vgl. Schwaber und Sutherland 2020., S. 6
[32] Schwaber und Sutherland 2020, S. 13

oder eine ähnliche Funktion nicht vorgesehen ist. Der Scrum Master verantwortet die Einführung von Scrum nach dem Scrum Guide. Er unterstützt Scrum-Team und Organisation dabei, die Scrum-Theorie und -Praxis zu verstehen. Dabei ist ein Scrum Master als Führungskraft zu verstehen. Er*sie dient sowohl dem Scrum Team als auch der Organisation.[33] Seine*ihre Aufgaben liegen darin, die Teammitglieder in Selbstmanagement und interdisziplinärer Zusammenarbeit zu coachen, die Fokussierung auf das Increment zu unterstützen und Hindernisse zu beseitigen. Er*sie stellt sicher, dass alle Events positiv und produktiv innerhalb der vorgesehenen Timebox stattfinden. Seine*ihre Unterstützung eines Product Owners liegt darin, ihm*ihr in Hinblick auf das Produktziel und dem Backlog-Management zu helfen. Er*sie hilft bei der Etablierung einer empirischen Produktplanung und fördert die Zusammenarbeit mit Stakeholdern. Außerdem dient er*sie der Organisation dadurch, die Einführung von Scrum zu leiten und Verständnis dafür zu schaffen. Er*sie schult, coacht und führt und hilft dabei, eventuelle Barrieren zwischen Stakeholdern und dem Scrum Team zu beseitigen.[34]

Product Owner **Umsetzungsteam** **Scrum Master**

Abb. 4: Rollen eines Scrum Teams (Forum agile Verwaltung[35])

---

[33] vgl. Schwaber und Sutherland 2020, S. 7
[34] vgl. Schwaber und Sutherland 2020, S. 7
[35] Agile Verwaltung 2018.

3.1.4 Hybrides Projektmanagement

Nicht immer sind die Anforderungen innerhalb von Projekten so ausgestaltet, dass sie eindeutig klassisch oder agil bearbeitet werden sollten. Stattdessen liegt eine Kombination beider Philosophien nahe, das hybride Projektmanagement. Für diese Variante gibt es jedoch nicht das eine optimale Model, mit dem sich die jeweiligen Vorteile am besten ergänzen. Eine Möglichkeit ist es, einzelne Phasen innerhalb des klassischen Projektablaufs agil zu bearbeiten. In einer anderen Variante werden einzelne Bausteine wie das Daily Meeting, die Retrospektive oder ein Kanbanboard im klassischen Setting genutzt.[36] Weitere Kombinationen sind denkbar, so zum Beispiel die Aufteilung aller Phasen des klassischen Projektmanagements in Sprints[37]. Ein Beispiel ist der ‚Wasser-Scrum-Fall‘ (Abb. 5).

Abb. 5: Beispiel für hybrides Projektmanagement (Gabex[38])

3.2 Agilität in Organisationen

Der Begriff Agilität wird sehr unterschiedlich verstanden und eingesetzt. Die nachfolgende Definition ist Teil der Studie ‚HR-Report‘, die das Institut für Beschäftigung und Employability jährlich im Auftrag des Personaldienstleisters HAYS erstellt.

> *Agile Organisationen zeichnen sich durch eine hohe und schnelle Anpassungsfähigkeit an veränderte*

---

[36] vgl. Kuster et al. 2019., S. 28
[37] vgl.Marquart und Pifczyk 2019, S. 42
[38] Gabex 2021.

Rahmenbedingungen und Marktsituationen aus. Flexibilität hinsichtlich der Anpassungen von Produkten, Prozessen und vor allem der Mitarbeiter mit ihren Kompetenzen sind entscheidende Kriterien für erfolgreiche agile Organisationen. Agile Organisationen sind in einem hohen Grad vernetzt und die Mitarbeiter organisieren sich selbst. Zudem sind die Arbeits- und Projektteams in der Lage, in gewissem Umfang autonom Entscheidungen zu treffen. Dies erfordert eine Unternehmenskultur, die auf Vertrauen basiert – auf Vertrauen der Führungskräfte zu ihren Mitarbeitern und der Mitarbeiter untereinander.[39]

Im Jahr 2001 trafen sich 17 Softwareentwickler, um über ein besseres Arbeiten, vor allem im Projektmanagement, zu diskutieren. Als „Agile Alliance" veröffentlichten sie das „Manifest für agile Software-Entwicklung", heute meist als Agiles Manifest bezeichnet. Es basiert auf vier Werten, die das Miteinander, die Erreichung von Zielen und die Ermöglichung von Veränderungen höher bewerten als Planung, Dokumentation und Verträge.[40]

Agilität ist keine Methode, die man lernen und dann beherrschen kann. Vielmehr ist es ein Mindset, eine Einstellung, die auf den Werten und Prinzipien des agilen Manifests beruht[41]. Agiles Arbeiten ist ein Lösungsansatz dafür, die komplexen Herausforderungen der VUCA-Welt zu bewältigen[42]. Das Akronym aus den USA steht für volatile, unpredictable, complex, ambiguoues. Übersetzt ins Deutsche wird daraus veränderlich, unsicher, komplex und ambig, also mehrdeutig.[43]

---

[39] Eilers et al. 2018, S. 6
[40] vgl. Beck et al. 2001.
[41] vgl. Maehrlein 2020, S. 18
[42] vgl. Maehrlein 2020, S. 17
[43] vgl. Maehrlein 2020, S. 34

Exkurs: Kompliziert oder komplex?

Ein wichtiger Begriff in der Agilität ist das Wort ‚komplex'. Es ist in diesem Kontext von dem Begriff ‚kompliziert' abzugrenzen. Eine komplizierte Fragestellung lässt sich mit Wissen lösen, es gibt eine konkrete, zutreffende Antwort. Ein komplexes Umfeld hingegen ist vom Unvorhersehbaren geprägt. Jede neue Teilentscheidung führt zu einer neuen Fragestellung, die im Vorfeld nicht prognostiziert werden kann.[44]

3.3 Agile Coach

Der Funktion eines Agile Coachs kommt man bereits über die Erläuterung der Bestandteile „Agile" und „Coach" näher. Der Begriff „Agile", also agil im Sinne des agilen Arbeitens, wurde bereits in Kapitel 3.2 definiert. Der englische Begriff Coach lässt sich mit „Kutsche" übersetzen und versinnbildlicht damit ein Vehikel, um von einer Position zu einer anderen zu gelangen. „Unter Coaching verstehen wir die systematische Begleitung eines Klienten bei der Entwicklung neuer Perspektiven. Ziel ist es, dass der Klient hierdurch für eine bestimmte Fragestellung eigenständig eine für ihn und in seinem Kontext neue und stimmige Lösung findet."[45] Ein Agile Coach bietet also Hilfe zur Selbsthilfe, er schlägt keine Lösungen vor, sondern unterstützt Kund*innen, selbst eine für sie stimmige Lösung zu finden. Auf diese Weise verhilft er*sie nicht nur zu einer Lösung im Einzelfall, er*sie stärkt auch die Kompetenz, diese Lösungen künftig eigenständig zu entwickeln.

Die Veränderungen, die in der Führung für agiles Arbeiten nötig sind, lassen sich nicht in Kürze umsetzen. Dazu ist eine Gewohnheitsveränderung notwendig, die sich nur sukzessive vollziehen lässt. Für diese Veränderungen braucht es einerseits erste Impulse und andererseits eine stetige Begleitung.[46] Der Agile Coach

---

[44] vgl. Bartonitz et al. 2018, S. 47
[45] Triffert 2017, S. 2
[46] vgl. Schröder 2020, S. 4

verantwortet diese Veränderung. Er steuert den Wechsel von der tradierten, nicht agilen Arbeitsweise, in einen agilen Rhythmus.[47]

Um diese Transformation zu erreichen, begleitet ein Agile Coach die Organisation und berücksichtigt dabei die agilen Grundsätze (siehe 3.2). Je nachdem, wie intensiv diese Umsetzung erfolgen soll, werden die Teams dabei unterstützt, immer mehr Aufgaben von ihren Führungskräften zu übernehmen. Ein Agile Coach steht dabei als neutrale*r Ansprechpartner*in zur Verfügung, er*sie unterstützt Feedbackprozesse und Konfliktbewältigung.[48]

3.4 Motivation nach Hackman und Oldham

Das Job Characteristics Model von Hackman und Oldham beschreibt die Entstehung von intrinsischer Motivation und daraus resultierend von hoher Arbeitszufriedenheit und -qualität sowie geringer Fluktuation bzw. Abwesenheit. Der zentrale Baustein dieser Theorie ist die Ausgestaltung der Aufgabe. Fünf Faktoren bestimmen deren Motivationspotential:[49]

1) „Anforderungsvielfalt der Aufgabe
2) Ganzheitlichkeit der Aufgabe
3) Bedeutsamkeit der Aufgabe für das Leben und die Arbeit anderer
4) Autonomie im Sinne von Kontroll- und Entscheidungsspielraum
5) Rückmeldung aus der Tätigkeit"[50]

Diese Merkmale führen zu folgenden psychologischen Erlebniszuständen:[51]

- „Erlebte Bedeutsamkeit der eigenen Aufgabe
- Erlebte Verantwortung für die Ergebnisse der eigenen Arbeit

---

[47] vgl. Schröder 2020., S. 12
[48] vgl. Hasebrook et al. 2019, S. 39
[49] vgl. Ferreira 2020, S. 41-42
[50] Ferreira 2020, S. 42
[51] vgl. Ferreira 2020., S. 42

- Wissen über die aktuellen Resultate der eigenen Arbeit, besonders über die Qualität der Ergebnisse"[52]

Die Auswirkungen auf Einzelpersonen sind dabei abhängig von den individuellen Bedürfnissen zum Beispiel nach persönlicher Entfaltung und dem eigenen Leistungsmotiv[53].

3.5 Studien, Forschungsberichte, Whitepaper

Zur Betrachtung der Ausgangslage werden unterschiedliche Publikationen – Studien, Forschungsberichte und Whitepaper – herangezogen.

3.5.1 Vermessung der Projekttätigkeit in Deutschland

Der Anteil der Projektarbeit wächst in nahezu allen Wirtschaftsbereichen – und auch im öffentlichen Dienst. Eine von der GPM Deutsche Gesellschaft für Projektmanagement e.V. in Zusammenarbeit mit der EBS Universität für Wirtschaft und Recht durchgeführte Studie aus dem Jahr 2015 zeigt dies deutlich. Gaben die 100 befragten Organisationen im Bereich öffentlicher Dienst / Erziehung / Gesundheit für das Jahr 2009 an, 11,6 % der Arbeitszeit mit Projekttätigkeit zu verbringen, so waren es im Jahr 2013 bereits 17,8 %. Für das Jahr 2019 wurde eine Steigerung auf 21,4 % prognostiziert.[54] Insbesondere die Notwendigkeit von Digitalisierungsprojekten nährt die Erwartung, dass die Prognose erreicht oder sogar überschritten wurde.

3.5.2 IT-Projekte: Kleiner, feiner, überschaubarer

Dieses Whitepaper, gefördert vom Bundesministerium des Inneren, dokumentiert anhand von sechs Thesen, dass das klassische

---

[52] Ferreira 2020, S. 42
[53] vgl. Ferreira 2020, S. 42
[54] vgl. Wald et al. 2015., S. 20

Projektmanagement insbesondere IT-Projekten oft nicht mehr gewachsen ist:

- IT-Projekte sind Teil großer Visionen, aber nicht aufeinander abgestimmt: Einzelne IT-Projekte werden realisiert, aber nicht in einem größeren Rahmen aufeinander abgestimmt
- Methoden der Projektarbeit werden geschult, aber nicht gelebt: Projektmitarbeiter*innen fehlen Methoden und Werkzeuge für effizientes und effektives Arbeiten
- Kommunikations- und Komplexitätsprobleme bremsen den Projektfortschritt: Komplexe Aufgabenstellungen lassen sich nicht vorab vollständig in einem Lastenheft dokumentieren. Die Uneindeutigkeit von Sprache führt zu Missverständnissen, die durch Ineffizienz in der Kommunikation nicht aufgelöst werden.
- Stabile Anforderungen sind eine Illusion: Die Dynamik vielfältiger Einflussfaktoren verunmöglichen die vollständige und korrekte Beschreibung aller Details eines Projekts.
- Die Projektziele und die Bewertung des Projektfortschritts sind zu statisch: Das Bearbeiten der Aufgabenpakete eines Projektstrukturplans definiert den Fortschritt, bringt aber noch kein nutzbares Ergebnis. Es fehlen regelmäßige Feedbacks, um neue Anforderungen und Anpassungen zu identifizieren.
- Projekte haben (k)ein Ende: Gerade in IT-Projekten fehlt die Berücksichtigung der notwendigen Tätigkeiten im laufenden Betrieb nach Projektabschluss.[55]

3.5.3 Eine Chance für das Projektmanagement

In diesem Forschungsbericht fasst Senta Maltschew, Projektmanagerin an der Technischen Universität Berlin, die Ergebnisse einer wissenschaftlichen Arbeit aus dem Jahr 2018 zusammen. Die zugrunde liegende Studie beantwortet folgende Forschungsfragen:

---

[55] vgl. Gottschick und Hartenstein 2015., S. 5

- „Welche besonderen Merkmale und Charakteristika der Projektumgebung öffentliche Verwaltung im Allgemeinen können den Projekterfolg gefährden oder fördern?
- Durch welche besonderen Anforderungen beziehungsweise Merkmale zeichnen sich Digitalisierungsprojekte aus?
- Welche Veränderungen wurden bereits, bezogen auf Projektmanagement, in öffentlichen Verwaltungen eingeführt?
- Welche Bedingungen müssten zukünftig für ein erfolgreiches Projektmanagement geschaffen werden?"[56]

Die Annäherung an diese Fragen erfolgte sowohl über Experteninterviews als auch über eine Online-Umfrage in Hochschulverwaltungen[57]. Aus der qualitativen Befragung lassen sich folgende, typische Merkmale und Einschränkungen der Projektumgebung in der öffentlichen Verwaltung ermitteln:

- „Starker politischer Einfluss
- Hohe Anzahl an Stakeholdern
- Hierarchisches Organisationssystem
- Eingeschränkte Verfügbarkeit von Ressourcen
- Rechtliche Restriktionen
- Wenig Erfahrung mit Projektmanagement
- Unklare Definitionen von Zielen und Anforderungen
- Formelle Kommunikationskultur
- Eingeschränkte Veränderungsbereitschaft"[58]

3.5.4 Unternehmenskultur, Arbeitsqualität (…)

Dieser Forschungsbericht zu einem Projekt des Bundesministeriums für Arbeit und Soziales dokumentiert die Ergebnisse einer Studie, die den Zusammenhang von Unternehmenskultur, Arbeitsqualität und Mitarbeiterengagement untersucht hat. Die Daten wurden in einer Stichprobe von 314 Organisationen aus den zwölf unternehmens- und

---

[56] Maltschew 2019, S. 32
[57] vgl. Maltschew 2019., S. 32
[58] Maltschew 2019, S. 33

mitarbeiterstärksten Branchen erhoben, auch aus der öffentlichen Verwaltung. Befragt wurden insgesamt 37.151 Personen.[59]

Die öffentliche Verwaltung schneidet bei der Befragung in den Dimensionen Kunden- und Leistungsorientierung, Veränderungsfähigkeit und Stärke der Unternehmenskultur unter den Branchen am schwächsten ab. Insbesondere der Unternehmenskultur wurde von den Befragten jedoch eine sehr große Bedeutung zugeschrieben. Auf die Frage nach den sinnvollsten Interventionsmöglichkeiten - in Bezug auf die Unternehmenskultur - wurden Best-Practise-Beispiele sowie die Bildung von Unternehmensnetzwerken als sinnvoll eingeordnet.[60]

3.6 Experteninterview nach Bogner, Littig und Menz

Teil dieser Arbeit sind Zitate aus Experteninterviews. Vorbereitung und Durchführung der Interviews erfolgten nach dem Leitfaden ‚Interviews mit Experten'. Expert*innen sind demnach die Personen nicht nur mit dem größten Spezialwissen, sondern die trotz dieses Wissens über den eigenen Wissensbereich hinausdenken.[61] Expertenwissen zeichnet sich dadurch aus, „dass dieses Wissen in besonderer Weise praxiswirksam und damit orientierungs- und handlungsleitend für andere Akteure wird."[62] Ziel der Interviews war hier die Abfrage von Prozess- und Deutungswissen im Sinne des Leitfadens[63]. Aufgrund des explorativen Charakters wurden die Interviews nicht systematisch ausgewertet. Diese ergänzen die Erkenntnisse aus Studien und Literatur mit Informationen aus der Praxis.

---

[59] vgl. Hauser et al. 2008, S. 19-20
[60] vgl. Hauser et al. 2008, S. 229-230
[61] vgl. Bogner et al. 2014, S. 15
[62] Bogner et al. 2014, S. 14
[63] vgl. Bogner et al. 2014, S. 18-19

3.6.1 Interview: Jens Meister, Abteilungsleiter

Jens Meister ist seit vielen Jahren Abteilungsleiter der Organisationsentwicklung der Stadt Freiburg. Als solcher verfügt er über fundiertes Wissen über Strukturen und Prozesse innerhalb der Stadtverwaltung. Im Interview beantwortet er Fragen zum Projektmanagement der Stadt Freiburg und gibt eine Einschätzung zu den Möglichkeiten und Notwendigkeiten innerhalb der öffentlichen Verwaltung.

3.6.2 Interview: David Tan, Unternehmer, Professor

David Tan ist Berater und Trainer für die Einführung und Optimierung von Projektmanagement. Seine Kunden sind im Schwerpunkt Kommunalverwaltungen und Landratsämter. Durch seine berufliche Tätigkeit verfügt er über einen weitreichenden Einblick in das Projektmanagement der öffentlichen Verwaltung. Im Interview beantwortet er Fragen hinsichtlich der aktuellen Situation in der Projektarbeit und der Vereinbarkeit der Gegebenheiten mit agilen Methoden. Darüber hinaus formuliert er eine Einschätzung der Möglichkeiten agilen Arbeitens in der Verwaltung.

4 ERGEBNISSE

4.1 Projektarbeit in der Verwaltung
Oder: Warum es schwierig ist

Die Situation der öffentlichen Verwaltung ist zunehmend geprägt von Herausforderungen, die nicht in der Linienorganisation bewältigt werden können[64]. Insbesondere die digitale Transformation trägt zu komplexen Aufgabenstellungen bei, die die Merkmale eines Projekts (siehe 3.1.1) erfüllen und deren Lösungen außerhalb der Linie erarbeitet werden müssen. Kaum ein Projekt kommt dabei ohne digitale Komponenten aus, ob es sich um die Arbeitsinstrumente

---

[64] vgl. Meister 2021

handelt, das eigentliche Projektziel oder begleitende Maßnahmen wie interne Plattformen, Websites oder Apps. Die Rahmenbedingungen, die dabei berücksichtigt werden müssen, reichen von der technischen Machbarkeit heute über Fragen der Nachhaltigkeit bis hin zu Überlegungen hinsichtlich zukünftiger Entwicklungen. Die Geschwindigkeit technologischer und digitaler Entwicklungen verringern den Lebenszyklus entsprechender Produkte, Schnittstellen sind rasch veraltet, Software wird nicht weiterentwickelt oder nicht mehr gewartet. Insbesondere erfordern immer wieder neue Erkenntnisse bezüglich der Nachhaltigkeit auch neue Lösungsansätze oder die Korrektur bereits bestehender. All diese Parameter machen Projektarbeit anspruchsvoll, knappe Ressourcen sowohl monetär als auch personell erschweren zusätzlich[65].

Die Bewältigung vieler Zukunftsfragen der öffentlichen Verwaltung erfordert demnach sehr gute Kompetenzen im Projektmanagement. Genau hier erweisen sich die gegebenen Bedingungen mehr als Hindernisse denn als Startbahnen. Die Studie von Senta Maltschew hat eine Liste von Merkmalen hervorgebracht, die die Projektumgebung im öffentlichen Dienst im Besonderen charakterisieren.

- Im Gegensatz zu Projekten der Privatwirtschaft stehen Projekte in der Verwaltung unter erheblichem politischen Einfluss[66]. An den Entscheidungen ist ein zu großes Netzwerk von Stakeholdern beteiligt, die selbst in Abhängigkeiten stehen und unterschiedliche Interessen vertreten[67]. Dieser Umstand verhindert, dass das Projektteam selbst die Entscheidungen trifft, die zur Erreichung des Projektziels am sinnvollsten wären.
- Die öffentliche Verwaltung arbeitet in einem stark hierarchisch geprägten Organisationssystem[68]. Diese Organisationsstruktur der Verwaltung „ist ein wesentliches Konstruktionselement

---

[65] vgl. Maltschew 2019, S. 33
[66] vgl. Maltschew 2019, S. 33
[67] vgl. Gottschick und Hartenstein 2015, S. 5 und Maltschew 2019, S. 33
[68] vgl. Maltschew 2019, S. 33

unseres demokratischen Regierungs- und Verwaltungssystems"[69]. Über- und Unterordnung, Dienstweg und Amtshierarchie sind Teil des idealtypischen Bürokratiemodells von Max Weber, das für den Aufbau unserer Verwaltung prägend war[70]. Dieser organisatorische Aufbau ist notwendig, denkt man an große Verwaltungen mit ihren vielen Pflicht- und Weisungsaufgaben, die klare Entscheidungsstrukturen brauchen. Für projekthaftes Arbeiten hingegen ist dieses starre System ein Hindernis, da es schnelle Entscheidungen verhindert.

- Die Arbeit der öffentlichen Verwaltung beruht auf Verwaltungsvorschriften, die in vielen Bereichen sehr klare Vorgaben machen. Diese rechtlichen Restriktionen können auch Auswirkungen auf Projektarbeit haben[71]. Ein Beispiel hierfür sind vergaberechtliche Einschränkungen. So erhält bei öffentlichen Ausschreibungen meist das günstigste Angebot den Zuschlag. Dies ist auch im Sinne des Haushaltsrechts. So gibt § 77 II der baden-württembergischen Gemeindeordnung vor, dass die Haushaltswirtschaft sparsam und wirtschaftlich zu führen ist. In der Realität ist jedoch das günstigste Angebot nicht immer das beste bzw. das passendste im Hinblick auf das betreffende Projekt.

- Ein weiteres spezifisches Merkmal ist lt. Maltschew, dass die Verwaltung wenig Erfahrung mit Projektmanagement hat[72]. Projekte müssen vor allem in den Kommunen neben dem Tagesgeschäft erledigt werden[73]. Dazu kommt der Umstand, dass Schulungen zwar stattfinden, die Inhalte aber häufig nicht in der Arbeitsrealität ankommen[74]. Auf diese Weise bleibt Projektmanagement im Stadium der Improvisation, im besten Fall des Pragmatismus. Notwendig und dringend geboten wäre

---

[69] Bogumil und Jann 2020, S. 422
[70] vgl. Germer 2021, S.80 und vgl. Weber et al. 2015, S.455-468
[71] vgl. Maltschew 2019, S. 33
[72] vgl. Maltschew 2019, S. 33
[73] vgl. Maltschew 2019; Meister 2021, S. XIX
[74] vgl. Gottschick und Hartenstein 2015, S. 5

aber ein konsequenter Ausbau der Grundkompetenzen hinsichtlich des Projektmanagements. Darüber hinaus müssen Mitarbeiter*innen lernen, die vielfältigen Methoden, Techniken und Werkzeuge zu erlernen und anzuwenden[75]. Dies bestätigt auch Jens Meister: „(…) wir müssen tatsächlich die Methodik als solche professionalisieren, (…) als selbstverständlich begreifen und in die Verwaltung implementieren."[76]

- Häufig sind die Ziele und Anforderungen innerhalb eines Projekts unklar[77]. David Tan meint dazu: „Es gibt keine saubere Auftragsklärung, keinen Projektauftrag. Das heißt, wir haben in der öffentlichen Verwaltung sehr oft noch die typische Flur-Auftrag-Mentalität auf Zuruf. Nach dem Motto: (…) gut, dass ich dich sehe, überleg mal, wie du das machst."[78] Dieses Merkmal wirkt dann auch auf die Knappheit der Ressourcen, denn häufige Korrekturen oder Wiederholungen kosten in der Regel Zeit und Budget.

- Die Verwaltung ist von einer formellen Kommunikationskultur geprägt[79]. Die Bürokratievorstellung von Weber, auch heute noch relevant, beinhaltet ein klares Verhältnis von Über- bzw. Unterordnung und die Einhaltung des Dienstwegs[80]. Die Kommunikation folgt diesem formellen Weg; der viel zitierte „kurze Dienstweg" ist eher unüblich oder er wird – wie im Beispiel ‚Flur-Auftrags-Mentalität' – im ungünstigen Fall angewendet.

- Und schließlich kommt die Studie zu dem Ergebnis, dass die Veränderungsbereitschaft in der Verwaltung nur eingeschränkt vorhanden ist[81]. Der Satz: ‚Das haben wir schon immer so gemacht.' steht in dem Ruf, im öffentlichen Dienst besonders häufig zur Anwendung zu kommen. Auch die Studie des BMAS

[75] vgl. Gottschick und Hartenstein 2015. S. 10
[76] Meister 2021
[77] vgl. Maltschew 2019, S. 33
[78] Tan 2021
[79] vgl. Maltschew 2019, S. 33
[80] vgl. Weber et al. 2015., S. 455-468
[81] vgl. Maltschew 2019, S. 33

aus dem Jahr 2008 bestätigt diese Schwäche der öffentlichen Verwaltung. Unter den zwölf unternehmens- und mitarbeiterstärksten Branchen in Deutschland ist die Veränderungsfähigkeit in der Verwaltung am schwächsten ausgeprägt.[82] David Tan bestätigt: „Wenn man etwas verändern will, gibt es Befürworter, aber es gibt auch viele Gegner. Einheitliches Projektmanagement, so wie wir es verstehen, erhöht die Transparenz, erhöht Verbindlichkeit. Aber das will auch nicht jeder."[83] Das betrifft sicher nicht alle Mitarbeiter*innen; Geschichten von Veränderungsunwilligen, die Projekte verzögern oder gar zu Fall bringen, sind jedoch keine Seltenheit.

Agiles Arbeiten wird als Lösung vieler dieser Probleme angepriesen, die Autoren des Buchs „Neustaat – Politik und Staat müssen sich ändern" fordern in ihrem Vorschlag Nr. 90 gar den Rechtsanspruch auf die agile Bearbeitung von Bürgeranliegen[84]. Im Vorfeld der Bundestagswahl 2021 kündigt der Vorsitzende der CDU, Armin Laschet, die Ausrufung eines Modernisierungsjahrzehnts an, das insbesondere die öffentliche Verwaltung auf neue Füße stellen soll[85]. Forderungen wie diese kommen oft ebenfalls nicht ohne das Schlagwort „agil" aus. Liegt also hier die Lösung? Kann agiles Arbeiten die Verwaltung voranbringen, kann insbesondere agiles Projektmanagement die Qualität der Projektergebnisse verbessern?

4.2 Klassisches und agiles Projektmanagement

Oder: Zwei Wege zum gleichen Ziel?

Projekte sind trotz der unterschiedlichen Erledigungsform ein Teil der Gesamtorganisation. Die Mitglieder des Projektteams, insbesondere

---

[82] vgl. Hauser et al. 2008, S. 229
[83] Tan 2021
[84] vgl. Heilmann und Schön 2020, S. 260
[85] vgl. Laschet 2021

in den Kommunen, müssen die Projekttätigkeiten oft neben dem Tagesgeschäft realisieren, so das Ergebnis der Studie von Maltschew aus 2018[86]. Das Projekt nimmt also Kapazität aus der Linie und beeinflusst so deren Arbeit ganz direkt. Diese Situation bestätigt auch Herr Meister: „Wir neigen dazu, Projekte einfach oben draufzusetzen (…). Es ist ein Problem, anzuerkennen, (…) wenn man die Aufgabe als Projekt erledigt, heißt das nicht, dass man deswegen zusätzlich Kapazitäten gewinnt, sondern ich muss von meinen verfügbaren Kapazitäten einen Teil für dieses Projekt zur Verfügung stellen."[87] Die Führungskräfte sind ebenfalls beteiligt; sie müssen die Regelaufgaben anders organisieren, umverteilen oder strecken. Und sie verlieren teilweise den Blick auf ihre Mitarbeiter*innen, die unter einer anderen Führungskraft, der Projektleitung, andere Aufgaben wahrnehmen und möglicherweise ein anderes Führungsverhalten kennenlernen. „Das ist generell ein Thema im Projektbereich (…). Dass ich auch bereit bin, tatsächlich zuzulassen, was außerhalb passiert und dass ich dann auch mir selber klar werde, was das von mir als Führungskraft verlangt,"[88] so Meister. Der Projektinhalt hat in der Regel einen Bezug zum Zweck der Organisation, aus dem Projekt können neue Aufgaben oder Veränderungen der Aufgaben für die Linie entstehen. Projekte verursachen meist Kosten über die Personalkosten hinaus, diese Beträge stehen für andere Anliegen nicht mehr zur Verfügung. Insbesondere im öffentlichen Dienst führt dies auch zu der Frage politischer Priorisierung, und so wächst der Einfluss eines Projekts über die Organisation selbst hinaus in Gremien und Stadtgesellschaft. Dies sind nur einige Beispiele, wie sich Projektarbeit und Organisation gegenseitig beeinflussen können. Daraus folgt, dass Projektarbeit nicht isoliert betrachtet werden kann, sondern vielmehr als Teil der Organisation verstanden werden muss.

Folgt man den Stimmen aus Politik, Verwaltung und Verbänden, die agiles Arbeiten in Teilen nicht nur befördern, sondern gar

---

[86] vgl. Maltschew 2019, S. 33
[87] Meister 2021
[88] Meister 2021

festschreiben wollen[89], ist diese Form des Arbeitens mindestens ein großer Teil der Lösung. Aber ob agiles Projektmanagement, zum Beispiel in Form des Rahmenwerks Scrum, die Projekterfolge in den Verwaltungen verbessern kann, lässt sich nicht ohne einen genauen Blick auf die Unterschiede der Modelle beantworten. Denn ohne die Einbettung in die Gesamtorganisation kann eine Methode wie Scrum nicht funktionieren.

4.2.1 Planung: Im Voraus oder sukzessive

Im klassischen Projektmanagement erfolgt eine sehr detaillierte Planung des gesamten Prozesses. In einem Projektstrukturplan werden die Arbeitspakete des gesamten Projekts im Detail definiert[90]. Es entsteht ein Leitfaden, der den Weg zum Projektende vorzeichnet. In der Steuerungsphase werden die Aufgabenpakete abgearbeitet. Regelmäßige Kontrollen überprüfen den jeweiligen Ist-Zustand mit der Planung (dem Soll-Zustand). Bei erheblichen Abweichungen werden Maßnahmen getroffen, um wieder auf den Soll-Pfad zurück zu steuern.[91]

Die Arbeitsweise nach Scrum hingegen startet mit einer nur sehr groben Ausarbeitung des Product-Backlogs. Die Produktvision wird in Teilprojekte gegliedert. Diese Teile werden sukzessive zergliedert und verfeinert und so für den jeweils nächsten Sprint aufbereitet[92]. „Dabei arbeitet der Product Owner ein bis ca. zwei Sprints voraus […]. Je nach Umfeld entsteht so – ähnlich wie beim Autofahren die Landschaftsdetails immer genauer werden – ein Horizont, auf dem Anforderungen zunächst nur grob aufscheinen. Erst im Lauf der Zeit werden sie mit Details angereichert."[93] „[…] das Produkt-Backlog ist ein sich ständig wandelndes Dokument."[94] Auf diese Weise ist es jederzeit möglich, Veränderungen während des Prozesses zu

---

[89] vgl. Heilmann und Schön 2020, S. 260
[90] vgl. Peters und Schelter 2021, S. 68
[91] vgl. Peters und Schelter 2021, S. 12
[92] vgl. Schwaber und Sutherland 2020., S. 11
[93] Wintersteiger 2018, S. 59
[94] Wintersteiger 2018, S. 58

berücksichtigen. Diese Veränderungen können durch zusätzliche Anliegen der Stakeholder entstehen, ergeben sich oft aber auch aus der laufenden Projektarbeit, weil ein ursprünglich geplantes Vorgehen obsolet geworden ist oder sich nicht wie geplant umsetzen lässt. Die Arbeitsweise mit Scrum erlaubt durch das iterative Vorgehen über die Sprints und den regelmäßigen Kontakt mit Stakeholdern die ständige Veränderung durch das Scrum Team in Absprache mit den Stakeholdern.

4.2.2 Rolle und Verantwortung

Auch im Hinblick auf die Rollen im Projektmanagement sind deutliche Unterschiede zu erkennen. Die Projektleitung spielt im klassischen Projektmanagement eine zentrale Rolle. Sie steuert das Projekt, leitet das Projektteam und ist gegenüber dem Projektteam fachlich weisungsbefugt. Die Leitung der Projektabwicklung erfolgt straff und einheitlich, die Projektleitung hat die ungeteilte Verantwortung für Planung, Koordination und Steuerung. Die Mitarbeiter*innen widmen sich allein der Projektrealisierung.[95] Die Kommunikation in Richtung Auftraggeber*in und Lenkungsausschuss erfolgt ebenfalls durch die Führung, die über den Stand des Projekts informiert und Entscheidungen einholt[96]. Die Projektleitung hat so großen Einfluss auf das Projekt und darauf, wie dessen Umsetzung erfolgt.

Im agilen Projektmanagement sind alle Rollen des Teams gleichermaßen für den Projekterfolg verantwortlich. Während ein Product Owner über das Backlog das WAS definiert und konkretisiert, ist das Developerteam für das WIE zuständig[97]. Das Sprintziel wird gemeinsam geklärt, häufig über User Stories, die in einfachen Worten kurz beschreiben, welches Ergebnis ein Sprint hervorbringen soll[98]. Wie dieses Ziel erreicht werden kann und wer im Team welche Aufgabe übernimmt, entscheiden die Developer[99]. Ein Scrum Master

---

[95] vgl. Dechange 2020, S. 121
[96] vgl. Känel 2020, S. 120
[97] vgl. Wintersteiger 2018, S.43-48
[98] vgl. Wintersteiger 2018, 2018., S. 57, 98
[99] vgl. Wintersteiger 2018, S.48

unterstützt dabei, diese Selbstorganisation im Team zu etablieren und hilft bei Schwierigkeiten[100].

In der Verwaltung herrscht oft das Problem vor, dass selbst eine Projektleitung nicht über wichtige Belange entscheiden kann. Das bestätigt auch Jens Meister: „Das, was (…) aus meiner Sicht zu einem guten Projekt gehört, die Verantwortung zu übernehmen für das, was im Projekt passiert, wie die Ziele zu erreichen sind, auch Budget und Ressourceneinsatz für das Projekt selbst zu steuern (…), das ist eigentlich schon die Mutter aller Probleme."[101] Er führt aus, dass Projektleiter*innen sich häufig über Einzelheiten mit verschiedenen Amtsleiter*innen abstimmen müssen, was dem Projektcharakter nicht zuträglich ist.[102] Das Abgeben der Umsetzungsplanung an die ausführenden Personen, einhergehend mit der Verantwortung für das Teilprodukt, ist in der Fortsetzung dessen nahezu unmöglich. Entscheidungen erfolgen so auch nicht gemeinsam mit dem Team, was zur Folge haben kann, dass sie nicht ins Gesamtgefüge passen oder nicht umsetzbar sind. Denn die Entscheider*innen sind nicht Teil des Projektteams und haben in der Regel nicht zu jeder Zeit den Überblick über alle Details. Diese teilweise inkonsistenten Entscheidungen können dazu führen, dass entweder in die falsche Richtung gearbeitet wird oder es zu weiterem Abstimmungsbedarf kommt. In beiden Fällen kommt es zur Verschwendung der Ressource Zeit.

4.2.3 Starke Führung versus Vertrauen

Agiles Arbeiten benötigt als Grundlage eine andere Organisationskultur als in der Verwaltung üblich. Die Arbeit in klassischen Projekten ist innerhalb einer starken Führungsstruktur sehr gut möglich, da die Projektleitung selbst eine sehr ausgeprägte Führungsrolle einnimmt. Über den Lenkungsausschuss und der*die Auftraggeber*in haben die Führungskräfte aus der Verwaltung einen

---

[100] vgl. Schwaber und Sutherland 2020, S. 7
[101] Meister 2021
[102] vgl. Meister 2021

sehr großen Einfluss auf die Arbeit des Projektteams. Die starke Hierarchie der Verwaltung wird in das Projekt gespiegelt. Während der Steuerungsphase wird die Arbeit der Teammitglieder kontrolliert und gegebenenfalls korrigiert, die Projektleitung gibt sowohl Inhalte als auch Arbeitsweise vor[103]. Der Entscheidungsrahmen der Teammitglieder ist gering, das Arbeiten ist von Weisungen und Kontrolle im Sinne der Projektplanung bestimmt.

Das agile Arbeiten mit Scrum erfordert eine andere Führungskultur. Alle Rollen des Scrum Teams tragen Verantwortung und haben einen eigenen Gestaltungsspielraum. Die Grundlage der Selbstorganisation des Developerteams ist das Vertrauen in die Kompetenzen der Teammitglieder. Da das Developerteam interdisziplinär zusammengesetzt ist und so über alle notwendigen Fähigkeiten zur Bearbeitung des Sprintziels verfügt, ist die Einflussnahme über einen Product Owner nicht notwendig. Es liegt in der Verantwortung des Teams, am Ende des Sprints ein fertiges Teilprodukt entsprechend der Definition of Done erstellt zu haben.[104] Um diese Arbeit zu ermöglichen, ist eine Kultur des Vertrauens nötig. Das Vertrauen darauf, dass das Team zum Ziel kommt und dazu seinen eigenen Weg entwickelt. Dieser Weg kann von der Vorgehensweise, die eine Projektleitung vorgeben würde, abweichen; entscheidend ist nur das Ergebnis, auf welche Weise es auch immer entstanden ist.

4.2.4   Kommunikation und Feedback

Die Methode Scrum enthält zwei Events, die im klassischen Projektmanagement keine Entsprechung haben. Am Ende eines Sprints findet ein Review statt, ein Termin mit dem kompletten Scrum Team und den Stakeholdern. Das im vergangenen Sprint erarbeitete Teilprodukt wird vorgestellt und gemeinsam besprochen.[105] Spätestens an dieser Stelle würde sich also eine Fehlplanung bzw.

---

[103] vgl. Peters und Schelter 2021, S. 12
[104] vgl. Wintersteiger 2018, S. 44-53
[105] vgl. Wintersteiger 2018, S. 149, 154

Fehlbearbeitung offenbaren. Die Stakeholder bekommen durch den Einblick in den Reviews regelmäßig die Möglichkeit zu kontrollieren, ob das Projekt im Sinne des Ziels bearbeitet wird, und gegebenenfalls korrigierend einzugreifen. Im klassischen Projektmanagement wird im Vorfeld sehr genau geplant, das Gesamtprodukt aber erst am Ende übergeben. Sollte, aus welchem Grund auch immer, das Projekt nicht entsprechend der Vorstellung des Auftraggebers bearbeitet worden sein, so offenbart sich dieser Missstand oft erst am Ende des Projekts, zu spät also, um Korrekturen vornehmen zu können. Die Folgen sind aufwändige Nachbearbeitungen, die Verschwendung von Ressourcen und erhebliche Verzögerungen.

Über das Review können Stakeholder nicht nur korrigierend eingreifen, es bietet auch die Möglichkeit, Veränderungen am Projekt vorzunehmen und zusätzliche Wünsche zu platzieren. Da das Product Backlog, wie beschrieben, sukzessive entsteht, sich die Detailplanung also mit dem Projekt entwickelt, ist es jederzeit möglich, Veränderungen vorzunehmen, ohne einen aufwändigen Projektstrukturplan nahezu vollständig verwerfen oder neu ausarbeiten zu müssen. Eventuelle Veränderungen oder Ergänzungen wachsen so in die Planung hinein. Durch den gemeinsamen Termin mit den Developern können Machbarkeit und Sinn unmittelbar besprochen und die Gesamtplanung dabei berücksichtigt werden. Auch die Auswirkungen auf Parameter, wie den Abgabetermin oder das Budget, können sofort besprochen werden. In der Folge entsteht maximale Transparenz bei allen Projektbeteiligten.

Ein besonders wichtiges Event in Scrum ist die Retrospektive. „Das Scrum Team überprüft, wie der letzte Sprint in Bezug auf Individuen, Interaktionen, Prozesse, Werkzeuge und seine Definition of Done verlief. […] bespricht, was während des Sprints gut gelaufen ist, auf welche Probleme es gestoßen ist und wie diese Probleme gelöst wurden (oder auch nicht)."[106] Mit Unterstützung eines Scrum Masters werden in diesem Termin Schwierigkeiten im Prozess angesprochen, die nicht inhaltlicher Natur sind. Es geht vielmehr darum, wie die

---

[106] Schwaber und Sutherland 2020, S. 11

Personen zusammenarbeiten, wie mit zwischenmenschlichen Problemen oder Auseinandersetzungen umgegangen wird, was die Zusammenarbeit im Team fördert. Durch die regelmäßige Bearbeitung dieser Themen können Konflikte weitgehend vermieden oder frühzeitig aufgelöst werden.[107] Notwendig dazu ist eine funktionierende Fehlerkultur, die es erlaubt, Fehler als Chance zur Verbesserung zu nutzen, statt sie als Vorwürfe gegen die zu nutzen, die Fehler verursacht haben[108].

Diese Form der Reflexion ist im klassischen Projektmanagement nicht vorgesehen. Es ist selbstverständlich nicht ausgeschlossen, dass ein gut funktionierendes, klassisch arbeitendes Team die genannten Elemente ebenfalls bespricht und Erkenntnisse daraus ableitet. Ein standardisierter Teil des Projektablaufs ist diese Reflexion jedoch nicht.

4.2.5 Ein Scrum Master als wesentlicher Unterschied

Der wohl größte Unterschied zwischen dem klassischen Projektmanagement und Scrum als agiler Methode liegt in der Rolle des Scrum Masters. Diese Person trägt die Verantwortung dafür, Scrum in der Organisation einzuführen, sie ‚zum Laufen zu bringen‘ und das Scrum Team ebenso wie die Organisation im Scrum-Prozess zu unterstützen[109]. Er*sie ist eine Führungskraft im Sinne des Servant Leaderships[110], er*sie dient den Beteiligten, indem er*sie die Rahmenbedingungen für optimales Arbeiten befördert. Ein Scrum Master ist also ein Profi in Bezug auf Scrum und Ansprechpartner*in für alle Beteiligten, um diese Methode erfolgreich in einer Organisation zu etablieren. Die positive Wirkung von Scrum kann sich nur entfalten, wenn die Regeln des Rahmenwerks eingehalten werden. Im Arbeitsalltag kann es schnell passieren, dass Termine ausfallen oder gekürzt werden. Wichtige Personen werden aus einem

---

[107] vgl. Wintersteiger 2018, S. 51-52
[108] vgl. Demarmels 2019, S. 61
[109] vgl. Wintersteiger 2018, S. 51-53
[110] vgl. Peters und Schelter 2021, S.149

Team abgezogen, von unerwarteter Stelle werden Weisungen an ein Projektteam herangetragen. Oder zwischenmenschliche Befindlichkeiten behindern ein reibungsloses Arbeiten. Diese Hindernisse entstehen auch in der Linienorganisation oder im klassischen Projektmanagement. Aber nur Scrum hat mit dem Scrum Master für diese Fälle einen stringenten Lösungsansatz.

Im Gegensatz zur klassischen Führungskraft ist ein Scrum Master niemandem disziplinarisch vorgesetzt, sondern erfüllt Aufgaben wie Moderation, Mentoring, Training und Mediation. Zu seinen*ihren Aufgaben gehört das Erkennen menschlicher Probleme und das Bearbeiten von Konflikten, die im Team auftreten können.[111] Und er*sie unterstützt *das* Team „im ständigen Lernen über sich und seine Fähigkeiten, indem er*sie Transparenz über sämtliche Teamangelegenheiten innerhalb des Teams schafft und Reflexion fördert, ohne Anschuldigungen zuzulassen."[112]

Die Unterstützung des Scrum Teams durch einen Scrum Master wird im offiziellen Scrum-Guide folgendermaßen beschrieben:

- Coaching in Selbstmanagement und interdisziplinärer Zusammenarbeit
- Fokussierung auf die Erstellung eines hochwertigen Teilprojekts, das der Definition of Done entspricht
- Beseitigung von Hindernissen und Problemen, die den Fortschritt des Teams gefährden könnten
- Das positive und produktive Stattfinden aller Events innerhalb der jeweiligen Timebox[113]

Ein Scrum Master schützt das Team auch vor eventuellem Fehlverhalten eines Product Owners. So kann es nötig werden, auch einen Product Owner zu coachen und zu unterstützen.[114] Einem

---

[111] vgl. Wintersteiger 2018, S. 51-52
[112] Wintersteiger 2018, S. 52
[113] vgl. Schwaber und Sutherland 2020, S. 7
[114] vgl. Wintersteiger 2018, S. 52

Product Owner hilft ein Scrum Master darüber hinaus auf folgende Weise:

- Techniken zur effektiven Definition des Produkt-Ziels und zum Management des Product-Backlogs
- Hilfe für das Scrum Team, die Notwendigkeit eindeutiger Einträge im Product-Backlog zu verstehen
- Etablierung einer empirischen Produktplanung für ein komplexes Umfeld
- Förderung der Zusammenarbeit mit Stakeholdern[115]

Die Hauptarbeit eines Scrum Masters liegt in der Arbeit mit dem Scrum Team. Ohne das Verständnis und die Unterstützung des Managements ist Scrum jedoch nur schwer umsetzbar. Deswegen ist ein Scrum Master auch hier gefordert, das Framework zu erklären und den organisationalen Veränderungsprozess zu initiieren und zu begleiten. Ein Scrum Master dient der Organisation unter anderem durch:

- Führung, Schulung und Coaching bei der Einführung von Scrum
- Einführungen von Scrum zu planen und zu empfehlen
- Verständnis zu schaffen für den empirischen Ansatz für komplexe Arbeit
- Beseitigung von Barrieren zwischen Scrum Team und Stakeholdern[116]

4.3 Scrum in der öffentlichen Verwaltung
Oder: Das Runde muss ins Eckige

Die Aufgaben eines Scrum Masters liegen in erster Linie im agilen Projektmanagement nach Scrum. Zwar wird über das Beispiel Scrum auch agiles Arbeiten insgesamt in der Organisation platziert und indirekt befördert. Der Kern der Arbeit bezieht sich jedoch auf das Projektmanagement und damit nur auf einen Teilbereich der Agilität.

---

[115] vgl. Schwaber und Sutherland 2020, S. 7
[116] vgl. Schwaber und Sutherland 2020 S. 7

Wie im vorherigen Kapitel ausgeführt sind aber Kultur und Arbeitsweise in der Gesamtorganisation mitentscheidend für das Gelingen dieses Modells. Wie ist also die Lage in der öffentlichen Verwaltung? Welche Arbeitsweise ist hier obligatorisch?

Die Studie von Maltschew bescheinigt der öffentlichen Verwaltung, dass deren Projektumgebung von starkem politischem Einfluss und einem hierarchischen Organisationssystem geprägt ist. Eine hohe Anzahl von Stakeholdern und rechtlichen Bedingungen beeinflussen Projekte. Ressourcen sind häufig nur eingeschränkt verfügbar und auch die Erfahrungen im Projektmanagement sind gering. Unklare Definitionen von Zielen und Anforderungen sowie eine formelle Kommunikationskultur behindern die Projektarbeit. Und die Veränderungsbereitschaft in der Verwaltung ist ebenfalls eingeschränkt.[117] Auch der Forschungsbericht zur Unternehmenskultur bescheinigt der öffentlichen Verwaltung Schwächen in der Kultur, trotzdem die Bedeutung der Kultur von den Befragten als besonders hoch erachtet wird[118].

Vor diesem Hintergrund stellt sich die Frage, ob sich die Methode Scrum, die auf Eigenverantwortung und Selbstorganisation setzt, tatsächlich in deutsche Behörden integrieren lässt. Die nachfolgende Tabelle stellt die Merkmale dem Lösungsansatz Scrum gegenüber:

Tab. 1: Merkmale Projektumgebung im Vergleich zu Scrum

Merkmal	Scrum als Lösungsansatz	Passung
Starker politischer Einfluss		✓
	Ob sich ein Projektziel für die Bearbeitung mit Scrum eignet, ist keine Frage der Entstehung bzw. politischer Einflussnahme. Welchen Hintergrund die Stakeholder haben - gegebenenfalls einen politischen - ist ebenfalls kein Grund, Scrum als Methode auszuschließen. Für ein Projekt, bei dem im laufenden Prozess	

---

[117] vgl. Maltschew 2019, S. 33
[118] vgl. Hauser et al. 2008, S. 229-230

Änderungswünsche zu erwarten sind, ist Scrum durch das iterative Vorgehen insbesondere gut geeignet (siehe Punkt 4.2.1: Planung: Im Vorraus oder sukzessive).

Hohe Anzahl an Stakeholdern ✓

Dies ist kein grundsätzliches Hindernis. Für den Projekterfolg entscheidend wäre sicherlich, dass die Stakeholder die Methode Scrum mit ihren Bestandteilen akzeptieren. Über die Reviews sind sie regelmäßig eingebunden, eventuelle Konflikte, Missverständnisse oder auch Uneinigkeit können mit Hilfe des Scrum Masters ausgeräumt werden. Gerade die Methode Scrum ist geeignet, eine Vielzahl von Stakeholdern zu beteiligen.

⇨ Eine Aufgabe des Scrum Masters ist es, den Product Owner in der Zusammenarbeit mit Stakeholdern zu unterstützen (siehe Punkt 4.2.5: Die Unterstützung durch den Scrum Master)

Hierarchisches Organisationssystem ?

Dieses Merkmal macht die Arbeit mit Scrum deutlich schwieriger. Aus der starken Hierarchie leiten sich zum einen die Entscheidungswege ab, die bei Scrum möglichst kurz sein sollten, um bei grundsätzlichen Fragen schnell reagieren zu können. Der hierarchische Aufbau macht es darüber hinaus schwer, die Gleichwertigkeit innerhalb eines Scrum-Teams zu leben, wenn in der oft parallel verlaufenden Linienarbeit Über- bzw. Unterordnung die Regel ist.

Eingeschränkte Verfügbarkeit von Ressourcen

Die Ressourcenfrage ist bei klassischem oder agilem Projektmanagement gleichermaßen problematisch. Insofern ist dieses Merkmal nicht wesentlich für den Einsatz von Scrum.

Rechtliche Restriktionen

Ob dieser Punkt zu einem Hindernis wird, hängt wohl von der Art der Restriktion im Einzelfall ab. Bei der Klärung der Frage, ob ein Projekt mit Scrum umgesetzt werden kann, sollte daher im Vorfeld geprüft werden, ob im Einzelfall rechtliche Bedenken bestehen und wie diese zu bewerten sind. Es ist nicht davon auszugehen, dass dieses Merkmal ein Ausschlusskriterium für Scrum darstellt.

Geringe Erfahrung mit Projektmanagement   ✓

Dies ist explizit kein Grund, auf den Einsatz von Scrum zu verzichten. Die mangelnde Erfahrung ist von der Methode unabhängig.

⇨ Scrum bietet hier den Vorteil, dass mit einem Scrum Master ein Coach und Trainer in Bezug auf die Methodik bereits implementiert ist.

Unklare Definitionen von Zielen und Anforderungen   ✓

Auch dieser Punkt steht Scrum nicht im Weg. Die Methode hat über die sukzessive Bearbeitung des Product Backlogs, das iterative Vorgehen und die Events im Sprintzyklus alle Instrumente, um Ziele und Anforderungen jederzeit zu besprechen, zu konkretisieren und auch zu verändern.

⇨ Es ist explizit die Aufgabe eines Scrum Masters, einen Product Owner bei der Definition des Projektziels zu unterstützen (siehe Punkt 4.2.5: Die Unterstützung durch einen Scrum Master).

Formelle Kommunikationskultur   ?

Agiles Arbeiten geht mit einer schnellen, auch informellen Kommunikation einher. Dazu werden verschiedene Kanäle genutzt, eine eher unformelle Kommunikationsstruktur aufgebaut. Die Hierarchie, von der die formelle Kommunikation abgeleitet ist, ist in der Methode Scrum so nicht vorhanden.

Eingeschränkte Veränderungsbereitschaft   ?

Die Arbeit mit Scrum unterscheidet sich erheblich von der Arbeit im klassischen Projektmanagement. Selbstorganisation und Eigenverantwortung sind Schlüsselbegriffe; die Aufbauorganisation in der Verwaltung, starke Hierarchien und lange Entscheidungswege stehen dem entgegen. Es braucht Veränderungsbereitschaft, um Scrum mit Erfolg zu implementieren.

> ⇨ Ein Scrum Master ist ein Begleiter für die Veränderungen, die Scrum benötigt. Fraglich ist, ob sein*ihr Wirken alleine ausreicht, um die Bereitschaft zur Verändung innerhalb einer Organisation insgesamt zu befördern.

Diese Übersicht verdeutlicht, dass die spezifischen Merkmale der Projektumgebung in der öffentlichen Verwaltung keine grundsätzlichen Hindernisse für die Einführung von Scrum darstellen. Klar wurde aber auch, dass bezüglich der Merkmale „hierarchisches Organisationssystem", „formelle Kommunikationskultur" und „eingeschränkte Veränderungsbereitschaft" keine optimalen Bedingungen für agiles Arbeiten vorherrschen. Sie spielen für ein erfolgreiches Arbeiten mit Scrum aber eine nicht zu unterschätzende Rolle und sollten daher nicht ignoriert werden.

4.4 Scrum Master versus Agile Coach

Oder: 1 + 1 = 100 %

Das Rahmenwerk Scrum ist ein einfaches Regelwerk, die Arbeit mit Events (Meetings), Artefakten (Dokumentationen und Ergebnisse), Increments (Teilprodukte) und Impediments (Hindernisse) ist leicht verständlich. Die Schwierigkeit für die Organisation liegt darin, Selbstorganisation zuzulassen und Verantwortung und Entscheidungen abzugeben. Für die Mitglieder eines Scrum-Teams wird es zu Beginn eine Herausforderung sein, den engen Regeln zu folgen, sich selbst zu organisieren, offen über die möglichen Fehler und Schwierigkeiten zu sprechen und sich als Team mit dieser Funktionsweise zu behaupten. Die Lösung für diese Schwierigkeiten liegt in der Person eines Scrum Masters.

4.4.1 Das agile Mindset

Die Aufgabe eines Scrum Masters ist es, die Einführung von Scrum zu empfehlen, zu planen und bei der Umsetzung zu unterstützen. Es stellt sich jedoch die Frage, ob dies in einer nicht-agilen Organisation ohne weitere Vorbereitung, ohne eine bereits vorhandene Idee von agilem Arbeiten möglich ist. Um Scrum zum Erfolg zu führen, ist die Haltung, das Mindset, innerhalb der Organisation mit entscheidend. Wenn insbesondere die Führungskräfte der verschiedenen Ebenen, die die Hauptentscheidungen treffen, den agilen Gedanken nicht mittragen, ist ein Erfolg der Methode nicht gewährleistet. Das agile Mindset geht nach Svenja Hofert von folgenden Grundannahmen aus:

- „Die Digitalisierung fordert von uns Beweglichkeit
- Beweglichkeit bedeutet, dass jeder Verantwortung übernehmen muss
- Kleine Einheiten sind beweglicher als Große
- Ohne rangordnende Hierarchien können Menschen und Teams innovativer sein"[119]

Hofert kommt zu dem Ergebnis, dass ein agiles Mindset auf jeden Fall dynamisch ist. Es genügt nicht, die Grundannahmen einmal zu verinnerlichen und in diesem gelernten Gefüge zu verharren. Vielmehr braucht es die Fähigkeit, die Ausgangssituation, und damit die daraus abzuleitenden Schlussfolgerungen, jederzeit anzupassen. Das dynamische Mindset ist in ständiger Erwartung von Entwicklung; es geht davon aus, dass nichts unveränderlich ist.[120] Um dieses agile Mindset in einer Organisation zu verankern, bietet sich eine andere Rolle aus der agilen Umgebung an: ein Agile Coach.

4.4.2 Ein Agile Coach

Wie in Kapitel 3.3 beschrieben sind die Aufgaben eines Agile Coachs deutlich weiter gefasst als die eines Scrum Masters. Er*sie ist dafür zuständig, die agile Idee in die Organisation zu tragen und insbesondere die Führungskräfte zu coachen, eine agile Haltung zu entwickeln. Außerdem begleitet auch er*sie agil arbeitende Teams und unterstützt bei der agilen Transformation.[121] Ein Agile Coach ist eine recht neue Rolle im agilen Kontext, für die es keine allgemein gültige Beschreibung gibt. Die jeweilige Ausgestaltung der Tätigkeit

---

[119] Hofert 2018, S. 20
[120] vgl. Hofert 2018, S. 22-24
[121] vgl. Schröder 2020, S. 12 und Hasebrook et al. 2019, S. 39

hängt von der Situation einer Organisation ab. Da seine*ihre Tätigkeit nicht (nur) auf Projektarbeit zielt, sondern die gesamte Organisation im Fokus hat ist, eignet sich ein Agile Coach besser als ein Scrum Master dafür, die agile Idee in einer Organisation zu verankern. Er wirkt auf einer dem Projekt übergeordneten Ebene und hat so die Möglichkeit, die verbliebenen Merkmale (siehe Tabelle 4.3) der spezifischen Projektumgebung in der öffentlichen Verwaltung zu beeinflussen.

- Hierarchische Organisationsstruktur: Agiles Arbeiten kann auch innerhalb einer hierarchie-orientierten Organisation gelingen. Ein Beispiel dafür ist die Stadt Karlsruhe. Um agiles Arbeiten trotz der üblichen Linienorganisation zu ermöglichen, wurden thematische Korridore eingerichtet, innerhalb derer hierarchie- und fachübergreifend gearbeitet wird. Dieser Prozess wird aktiv durch einen Agile Coach unterstützt.[122] Dieses Anwendungsbeispiel zeigt, dass passende Ideen für die Verwaltung entwickelt werden müssen und dies auch gelingen kann. Die agile Arbeitsweise eignet sich so zur Einführung ihrer selbst; es muss ein Anfang und bei jedem Schritt neue Antworten gefunden werden.
- Formelle Kommunikation: Ob agiles Arbeiten funktioniert, hängt von der Kommunikation ab. Ohne eine Kommunikation auf Augenhöhe, die alle Beteiligten gleichermaßen ernst nimmt, kann Agilität nicht gelingen.[123] „Gleichwertigkeit hat dabei nichts mit Positionen in einer Hierarchie oder mit Rollen in einem Prozess zu tun, sondern damit, dass man andere als gleichwertig auffasst und behandelt.“[124] Das Hauptinstrument eines Agile Coachs ist die Kommunikation, angepasst auf den jeweiligen Kontext. Er kann dabei unterstützen, Kommunikationswege zu beleuchten und helfen, geeignete Kanäle zu eröffnen.[125]

---

[122] vgl. Appelmann und Hettesheimer 2019, S. 42
[123] vgl. Demarmels 2019., S. 35
[124] Demarmels 2019., S. 35
[125] vgl. Demarmels 2019., S. 64

- Eingeschränkte Veränderungsbereitschaft: Ein Agile Coach ist für die Transformation hin zu einer agilen Organisation zuständig. Diese Transformation ist ein erheblicher Veränderungsprozess, der über ein starkes Change Management begleitet werden sollte. Mit den Mitteln des Coachings und Trainings, mit Interaktion und Kommunikation sowie der Unterstützung bei der Nutzung entsprechender Methoden und Werkzeuge leistet ein Agile Coach dazu einen wichtigen Beitrag. Er*sie ist insofern der ideale Veränderungsbegleiter mit dem Potential, die Veränderungsbereitschaft bei Mitarbeiter*innen zu erhöhen.[126]

4.5 Nutzen für den öffentlichen Dienst

Oder: Vier auf einen Streich

Welchen Nutzen haben die agilen Rollen nun für die öffentliche Verwaltung? Auch in der öffentlichen Verwaltung ist die Arbeit von Veränderungen im Sinne der VUCA-Welt geprägt. Insbesondere die Digitalisierung bringt uneindeutige und immer komplexere Aufgabenstellungen hervor.[127] Diese Ausgangslage erfordert neue Qualifikationen und Kompetenzen sowohl für Führungskräfte als auch für Mitarbeiter*innen[128]. Der agilen Arbeitsweise kommt hier eine besondere Bedeutung zu, denn „im Kern haben agile Methoden eines gemeinsam: Die Akzeptanz mangelnder Planbarkeit bei der Projektarbeit".[129]

4.5.1 Handlungsfähig trotz VUCA

Vor diesem Hintergrund ist die Einführung von Scrum eine geradezu logische Schlussfolgerung. Das Regelwerk ist unkompliziert, es hat eine klare Struktur und wird den in Kapitel 4.1 erläuterten spezifischen Merkmalen in der öffentlichen Verwaltung weitgehend gerecht. Ein

---

[126] vgl. Demarmels 2019., S. 63
[127] vgl. Seckelmann 2021, S. 447
[128] vgl. Seckelmann 2021, S. 442
[129] Seckelmann 2021, S. 450

Scrum Master als Verantwortlicher für die Einführung und Verankerung dieser Methode stellt sicher, dass das Regelwerk eingehalten wird, er*sie unterstützt alle Beteiligten und ist zur Stelle, wenn Hindernisse die effektive und effiziente Arbeit des Teams bedrohen.[130] Ein Agile Coach wirkt über die Projektarbeit hinaus in die Organisation und vermittelt die agile Idee. Er*sie schafft Verständnis für die Besonderheiten des agilen Arbeitens und coacht Mitarbeiter*innen und Führungskräfte[131]. In Bezug auf die spezifischen Projektmerkmale vervollständigt er*sie die Einflussmöglichkeiten eines Scrum Masters. Idealerweise kommen also beide Rollen bei der Einführung von Scrum bzw. agilem Arbeiten zum Einsatz.

4.5.2 Stärkung der Organisationskultur

Der Nutzen beider Rollen liegt darin, die Veränderungsprozesse in der öffentlichen Verwaltung über die Einführung einer neuen Arbeitsweise zu begleiten und zu unterstützen. Dies meint selbstverständlich nicht, dass das Einstellen und das Wirken dieser Personen des Rätsels alleinige Lösung sind. Unverzichtbar ist ein Bewusstsein innerhalb der Organisation für die Notwendigkeit, Dinge zu verändern, das Einverständnis darüber, was an Veränderung notwendig ist und die intensive Einbeziehung der Mitarbeiter*innen in den Gesamtprozess. Wenn diese Voraussetzungen aber gegeben sind, können Scrum Master und Agile Coach entscheidende Erfolgsfaktoren sein. Beide Rollen wirken darauf hin, die Kultur in der Organisation in Richtung der agilen bzw. Scrum-Werte zu verändern. Es darf erwartet werden, dass diese Werte – „Commitment, Fokus, Offenheit, Respekt und Mut"[132] – einen positiven Einfluss auf die Kultur einer Organisation haben. Der Forschungsbericht des Bundesministeriums für Arbeit und Soziales bescheinigt der öffentlichen Verwaltung gerade hier ein Defizit im Vergleich zu anderen Branchen. Die Befragten halten neben Best-Practise-Beispielen vor allem die Bildung von Netzwerken für

---

[130] vgl. Schwaber und Sutherland 2020, S. 7
[131] vgl. Schröder 2020, S.12 und Hasebrook et al. 2019, S. 39
[132] Schwaber und Sutherland 2020, S. 4

geeignet, um die Kultur zu stärken[133]. Agiles Arbeiten setzt auf interdisziplinäre Teams, auf Kommunikation und Interaktion. Über diesen Weg können sich neue Netzwerke bilden, die in der klassisch hierarchischen, von Silodenken geprägten Verwaltung sonst nicht entstanden wären.

4.5.3 Motivation der Mitarbeiter*innen

Wer bei Google die Begriffskombination „Mitarbeiter motivieren" eingibt, erhält 8.940.000 Ergebnisse. Die Erkenntnis, dass von motivierten Mitarbeiter*innen bessere Ergebnisse zu erwarten sind als von unmotivierten, ist in der Arbeitswelt längst angekommen und wird über eine Vielzahl von Publikationen aufgegriffen. Die öffentliche Verwaltung braucht motivierte Mitarbeiter*innen, für die klassischen Verwaltungsaufgaben ebenso wie für die Herausforderungen der VUCA-Welt. Nach Hackman und Oldham liegt der Schlüssel zur Motivation in der Ausgestaltung der Aufgaben, um positive Erlebniszustände zu erreichen[134]. Die dafür entscheidenden Merkmale der Aufgaben lassen sich mit Scrum bzw. mit agilem Arbeiten in Einklang bringen:

1) „Anforderungsvielfalt der Arbeitsaufgabe"[135]: Die aus der VUCA-Welt geborenen Aufgaben sind per se vielfältig. Und sie werden in interdisziplinären Teams bearbeitet, was die Vielfalt auf den Lösungsansatz überträgt.

2) „Ganzheitlichkeit der Aufgabe"[136]: Projektarbeit, ob klassisch oder agil, ist die ideale Erledigungsform, um eine Aufgabe in ihrer Gesamtheit abzubilden und zu bearbeiten. Die in Scrum üblichen, interdisziplinären Teams spiegeln die Ganzheitlichkeit der Bearbeitung in besonderer Weise wieder.

3) „Bedeutsamkeit der Aufgabe für das Leben und die Arbeit anderer"[137]: Die Bedeutsamkeit für das Leben anderer ist der

---

[133] vgl. Hauser et al. 2008, S. 229-230
[134] vgl. Ferreira 2020, S 42
[135] Ferreira 2020, S. 42
[136] Ferreira 2020, S. 42
[137] Ferreira 2020, S. 42

Kern der Aufgaben in der öffentlichen Verwaltung. Ob Infrastruktur, Bildung, Gesundheit oder Bauwesen – das Gemeinwesen ist die Basis unserer Gesellschaft. Das betrifft das private und das berufliche Umfeld gleichermaßen.

4) „Autonomie im Sinne von Kontroll- und Entscheidungsspielraum"[138]: Agiles Arbeiten, ob in Form von Scrum oder anderen Methoden, ist die ideale Arbeitsweise im Hinblick auf dieses Merkmal. Sie ist geprägt von der Selbstorganisation des Einzelnen und im Team. Das Developerteam übernimmt die Verantwortung für Detailplanung und Umsetzung und trifft eigene Entscheidungen.

5) „Rückmeldung aus der Tätigkeit"[139]: Auch hier punktet insbesondere die Methode Scrum durch ihre Bestandteile. Die Definition of Done gibt sehr genau vor, zu welchem Ergebnis die eigene Arbeit führen soll und ist so ein Element permanenter Rückmeldung. Kern der Events Review und Retrospektive ist das Feedback von verschiedenen Seiten. So äußern sich im Review die Stakeholder zum Teilprodukt, dem Increment. Sie geben Rückmeldung, ob das Teilergebnis ihren Erwartungen entspricht und welche Anforderungen gegebenenfalls noch zu berücksichtigen sind. Die Retrospektive ist das Feedback-Element für das Developerteam selbst. Im Fokus stehen Fragen zur Zusammenarbeit, zwischenmenschliche Probleme oder Konflikte können hier besprochen und aufgelöst werden. Die Rückmeldung betrifft nicht das Was, sondern das Wie.

Legt man dieses Model zugrunde, so erweist sich die Methode Scrum und mit ihr ein Scrum Master als ideales Instrument, um die intrinsische Motivation der Mitarbeiter*innen zu stärken.

---

[138] Ferreira 2020, S. 42
[139] Ferreira 2020, S. 42

4.5.4 Öffentliche Verwaltung als attraktiver Arbeitgeber

In der Folge entsteht so möglicherweise ein sekundärer Nutzen. Die öffentliche Verwaltung hat ein Nachwuchsproblem. Bis 2030 geht mehr als jeder Dritte Beschäftigte in Rente bzw. Pension, die Personallücke liegt Schätzungen zufolge dann bei etwa 731.000 Beschäftigten.[140] Die öffentliche Verwaltung ist als Arbeitgeberin nicht attraktiv genug, um genügend Nachwuchskräfte anzusprechen. Neben der Rekrutierung ist auch die Fluktuation ein immer größer werdendes Problem. In der Befragung im Rahmen der Studie von McKinsey gaben 35 % der Befragten an, dass Fachkräfte kündigen, weil es an inspirierenden Führungskräften mangelt, 31 % sagten, dass Führungskräfte mit der Arbeitskultur der Organisation unzufrieden sind. Es fehle zum Beispiel das Arbeiten in wechselnden Teams. Die mittlere Führungsebene gibt an, den öffentlichen Sektor zu verlassen, weil die Kultur der Organisation nicht innovativ ist.[141] Bei diesen Punkten kann agiles Arbeiten ein Teil der Lösung sein und so zu einer Steigerung der Attraktivität der öffentlichen Verwaltung als Arbeitgeberin beitragen.

4.6 Hybrides Projektmanagement als Übergang

Oder: Das Beste beider Welten

Doch auch dann, wenn eine Verwaltung einen sinnvollen Weg in Richtung Agilität einschlägt, wenn ein Agile Coach in die Organisation wirkt, wenn ein Scrum Master für agiles Projektmanagement bereitsteht, ist fraglich, ob Scrum in reiner Form unmittelbar umsetzbar ist. Ein Lösungsansatz dafür ist das hybride Projektmanagement, eine Mischung aus klassischer und agiler Arbeitsweise. Je nach Projekt und Projektumfeld werden Teile beider

---

[140] vgl. McKinsey 2018, S. 5
[141] vgl. McKinsey 2018, S. 9-10

Philosophien kombiniert. Dazu sagt Trainer und Berater David Tan: „Bei Scrum gibt es keinen Projektauftrag. Ich würde in der öffentlichen Verwaltung aber immer empfehlen, erst mal eine saubere Auftragsklärung zu machen, so gut es eben geht. (…) Und diese Dinge, die du im Rahmen der Auftragsklärung gemeinsam definierst (…) oder vereinbarst, die solltest du immer schriftlich festhalten. Und das wäre im Grunde genommen schon eine Art hybride Vorgehensweise."[142] Auch wenn die Entscheider*innen der Verwaltung zumindest eine grobe Ablaufplanung möchten, die in der Methode Scrum nicht üblich ist, ist dies ein Merkmal des klassischen Projektmanagements und damit ist die Arbeitsweise hybrid, so Tan. Er empfiehlt darüber hinaus mit dem Risiko-Management einen weiteren nicht-agilen Baustein, das Risiko-Management, der ebenfalls nicht Teil von Scrum ist.[143]

Neben der vorerst besseren Vereinbarkeit mit den Gegebenheiten der öffentlichen Verwaltung eröffnet das hybride Projektmanagement die Möglichkeit, sich mit der agilen Arbeitsweise in kleinen Schritten vertraut zu machen und anhand der agilen Bausteine zu ‚üben'. Auf dem Weg zu einer agileren Verwaltung kann diese Variante ein „natürlicher Entwicklungsschritt"[144] sein, der – begleitet durch ein professionelles Change-Management – zu einem Kultur- und Strukturwandel beiträgt[145].

5 DISKUSSION

Der Ergebnisteil hat auf die Frage, ob die öffentliche Verwaltung einen Scrum Master benötigt, eine klare Antwort gegeben. Die vorgestellten Grundlagen wurden auf die Verwaltung bezogen und im Hinblick auf die Fragestellung überprüft. Ist der Scrum Master ein ‚perfekt Match' oder ist es doch komplizierter?

---

[142] Tan 2021
[143] vgl. Tan 2021
[144] Marquart und Pifczyk 2019, S. 42
[145] vgl. Marquart und Pifczyk 2019, S. 42

5.1 Zusammenfassung und Interpretation

Das vorangegangene Kapitel zeigt auf, dass agiles Projektmanagement in Form des Rahmenwerks Scrum und insbesondere die Rolle eines Scrum Masters einen erheblichen Nutzen für die öffentliche Verwaltung haben kann. Ein großer Teil der spezifischen Merkmale der Projektumgebung nach Maltschew können mit dieser Methode besonders gut berücksichtigt und aufgefangen werden. Durch einen Scrum Master als Coach, Trainer und ‚Feuerwehr' ist die Hilfestellung bei Einführung und Umsetzung jederzeit gewährleistet. Die Arbeit mit Scrum wirkt positiv in die Organisation hinein, auf das Projektteam und den Einzelnen. Das Job Characteristics Model von Hackman und Oldham legt nahe, dass diese Arbeitsweise die intrinsische Motivation steigert und so zu mehr Arbeitszufriedenheit führt. In der Folge wirkt sie damit auch auf die Attraktivität der öffentlichen Verwaltung als Arbeitgeberin, sowohl durch den Imagegewinn, als auch dadurch, dass Mitarbeiter*innen über ihre Arbeit sprechen und so diese Informationen nach außen tragen.

Es ist aber auch deutlich geworden, dass es für einen sinnvollen Einsatz von Scrum mehr als ein einzelnes Scrum-Team braucht, das in einer Umgebung ohne agiles Mindset tätig ist. Der Organisationskultur kommt eine bedeutende Rolle zu, der agile Gedanke muss vor allem in der Führungsebene verankert werden, um diese Form des Projektmanagements zu ermöglichen. Die Lösung dafür kann ein Agile Coach sein, der über ein Projektteam hinaus in die gesamte Organisation wirkt und Verständnis für die Methode und ihre Voraussetzungen schafft.

Ein möglicher Entwicklungsschritt in Richtung agiles Arbeiten ist das hybride Projektmanagement. Mit dieser ‚gemischten' Arbeitsweise lassen sich die Elemente der agilen Arbeitsweise in die klassische integrieren und so die im Einzelfall passenden Bausteine beider Methoden kombinieren. Perspektivisch kann so der Einsatz eines reinen Scrum-Projekts vorbereitet und trainiert werden.

Insofern wäre die Rolle eines Scrum Masters sicherlich ein Gewinn; der erste Schritt in Richtung Agilität sollte jedoch ein anderer sein. Die Organisation muss sich selbst prüfen und die Frage klären, an welchem Punkt der Entwicklung sie steht. Ist Agilität als Haltung schon präsent, ist sie also schon bereit für den direkten Einsatz der Methode Scrum? Dann ist die Einstellung eines Scrum Master ein guter nächster Schritt. Falls Agilität aber noch keine Rolle spielt und Führungskräfte wie Mitarbeiter*innen noch unvorbereitet sind, dann könnte ein Agile Coach der sinnvollere Einstieg in die Welt agilen Arbeitens sein.

Prinzipiell ist außerdem zu berücksichtigen, dass agile Projektarbeit kein Allheilmittel für Projekte aller Art darstellt. Sie ist dann geeignet und im Vorteil gegenüber klassischem Projektmanagement, wenn es sich um komplexe Projekte aus der VUCA-Welt handelt, wenn also das Projekt nicht bis ins Detail planbar ist, wenn sich die Anforderungen verändern können und wenn im Verlauf des Projekts immer wieder neue Antworten und Lösungen gefunden werden müssen[146]. Bei Projekten, die vollständig planbar, und innerhalb derer Unklarheiten nicht zu erwarten sind, hat sich die klassische Arbeitsweise, zum Beispiel in Form der Wasserfallmethode, bewährt. Eine undifferenzierte Umstellung aller Projekte auf Scrum ist nicht zu empfehlen.

Die Frage, ob ein Scrum Master und mit ihm agiles Projektmanagement in der öffentlichen Verwaltung sinnvoll und empfehlenswert ist, beleuchtet also nur einen Teil der Gesamtaufgabe: eine mögliche Ergänzung zum nicht-agilen Status Quo. Wie ist aber die Lage beim klassischen Projektmanagement? David Tan beschreibt sie so: „Ich habe festgestellt, dass es in der Regel in der Verwaltung kein einheitliches Projektmanagement gibt. Es gibt zwar Personen, die Projektmanagement durchführen (…). Aber es gibt keinen Standard. Es gibt keine einheitliche Vorgehensweise. Es gibt keine Tools und es gibt auch keine Projektmanagement-Richtlinie

---

[146] vgl. Hasebrook et al. 2019, S. 16

oder ein Projektmanagement-Handbuch."[147] Mitarbeiter*innen werden oft eher spontan und undifferenziert zu Projektleiter*innen, eine Qualifizierung für diese Aufgabe erfolgt hingegen nicht, so Tan[148]. Zu dem Ergebnis, dass die Verwaltung nur geringe Erfahrung im Projektmanagement vorweisen kann, kommt auch die Studie von Maltschew[149]. Die Kompetenzen für Projektmanagement, ob klassisch oder agil, sind also insgesamt nicht ausreichend. Ein Scrum Master für die Verwaltung sollte also beide Philosophien beherrschen und als Unterstützer für klassische, agile und hybride Projekte zur Verfügung stehen.

Jens Meister ist davon überzeugt, dass eine solche, in allen Fällen der Projektarbeit unterstützende Person, von Mitarbeiter*innen sehr gut angenommen werden würde. Er geht davon aus, dass ausreichend Mitarbeiter*innen die Möglichkeit, nach Tipps, Informationen oder Hilfestellung zu fragen, nutzen und als Multiplikatoren in die Organisation tragen würden.[150] Auch David Tan befürwortet den Einsatz eines Scrum Masters als „Projektkümmerer"[151]: „Meiner Meinung nach könnte der Projektkümmerer auch eine Person sein, die dann sowohl bei den traditionellen Projekten entsprechend im Hintergrund unterstützt und auch bei den agilen. Das setzt aber voraus, dass der Projektekümmerer beide Ansätze kennt."[152]

Ein solches Aufgabenprofil eines Scrum Masters, der klassisches, agiles und hybrides Projektmanagement begleitet, könnte also für die aktuelle Praxis in der Verwaltung einen besonders großen Nutzen haben. Er*sie unterstützt und verbessert die traditionelle Projektarbeit. Gleichzeitig hilft er*sie dabei, agile Bestandteile zu integrieren und sät so die agile Arbeitsweise und das entsprechende Mindset. Mit ihm*ihr lernt die Organisation, welche Projekte wie

---

[147] Tan 2021
[148] vgl. Tan 2021
[149] vgl. Maltschew 2019, S. 33
[150] vgl. Meister 2021
[151] Tan 2021
[152] Tan 2021

bearbeitet werden sollten und entwickelt für alle Varianten die notwendigen Kompetenzen.

5.2 Kritische Betrachtung

+ Die Ergebnisse zeigen sehr deutlich, dass agiles Projektmanagement für geeignete Projekte den besonderen Merkmalen der Projektumgebung in der Verwaltung gerecht werden kann. Insbesondere ein Scrum Master wirkt gegen die Hindernisse, die in diesem Umfeld häufig bestehen. Da die Herausforderungen immer komplexer werden und agiles, oder zumindest hybrides Arbeiten für diese Situationen oft besser geeignet ist, als traditionelles Projektmanagement, ist dieses Ergebnis erfreulich.

+ Trotzdem die Arbeitsweise nach Scrum – zumindest auf absehbare Zeit – vermutlich nicht in der reinen Form umgesetzt werden kann, belegen die Ergebnisse, dass der Einsatz eines Scrum Masters sinnvoll ist. In Kombination mit einem Agile Coach kann agiles Arbeiten insgesamt befördert werden. Der Lösungsansatz, einen Scrum Master als Profi für Projektarbeit insgesamt zu etablieren, dürfte derzeit den größten Nutzen für die Verwaltung haben.

+ Die Betrachtung des Nutzens eines Scrum Masters offenbart mit der Erhöhung der Attraktivität als Arbeitgeber, einer positiven Wirkung auf die Organisationskultur und der Steigerung der Motivation einen erheblichen sekundären Nutzen für die Verwaltung.

- In der Studie von Maltschew wurden Hochschulverwaltungen befragt. Es ist davon auszugehen, dass die Ergebnisse mit denen in Kommunen oder Landratsämtern vergleichbar wären. Hier besteht jedoch noch eine Unsicherheit, da derartige Vergleichsdaten nicht vorliegen.

6 Fazit

Diese Arbeit beantwortet die Frage nach einem Scrum Master in der Verwaltung eindeutig; diese Rolle der Methode Scrum ist sinnvoll. Sie fördert das agile Projektmanagement und agiles Arbeiten insgesamt.

Bei entsprechender Kompetenz kann und sollte er*sie alle Formen der Projektarbeit unterstützen, klassische, agile und hybride. Der Einsatz führt mutmaßlich zu sekundärem Nutzen über das Projektmanagement hinaus.

6.1 Die Erkenntnisse im Einzelnen

Neben der Beantwortung der Kernfrage nach einem Scrum Master dokumentieren die vorangegangenen Kapitel die folgenden, weiteren Erkenntnisse.

Fazit 1:

Ein Scrum Master und mit ihm*ihr die Methode Scrum können einen großen Nutzen für die öffentliche Verwaltung generieren. Dies gilt insbesondere vor dem Hintergrund, dass auch die Verwaltung vor den Herausforderungen der VUCA-Welt steht.

Fazit 2:

Ein Scrum Master, der über ausreichende Kenntnisse zu allen Formen der Projektarbeit verfügt - klassisch, agil und hybrid – würde derzeit den größten Nutzen bringen. Dadurch kann er*sie als Ansprechpartner*in in allen Fragen des Projektmanagements unterstützen.

Fazit 3:

Für erfolgreiches agiles Arbeiten spielt die Organisationskultur und das Mindset der Führungskräfte eine wichtige Rolle. Projektmanagement mit einem hohen Anteil an agilen Bestandteilen braucht die entsprechende Haltung des Projektumfelds.

Fazit 4:

Eine Kombination aus Scrum Master und Agile Coach würde auf das agile Projektmanagement und die Organisationskultur gleichermaßen positiv einwirken. Die Chance für einen nachhaltigen

Einstieg in das agile Arbeiten vergrößert sich mit einem Einsatz beider Rollen.

Fazit 5:

Das Arbeiten in interdisziplinären Projektteams, selbstorganisiert und eigenverantwortlich, wirkt sich voraussichtlich sehr positiv auf die Motivation der Mitarbeiter*innen aus.

Fazit 6:

Agiles Arbeiten kann dazu führen, dass Fach- und Führungskräfte der Verwaltung erhalten bleiben. Die ungünstigen Bedingungen, die zu häufigen Kündigungen führen, können durch agiles Arbeiten positiv beeinflusst werden.

6.2 Offene Forschungsfragen

Agilität, agiles Arbeiten, agiles Mindset – der Themenbereich ist groß und manchmal unübersichtlich. Zahlreiche Publikationen beschäftigen sich mit Agilität, der Aus- und Weiterbildungsmarkt wächst, agiles Arbeiten wird als Lösung für immer komplexere Herausforderungen angepriesen. Im Hinblick auf Agilität in der öffentlichen Verwaltung sind noch viele Fragen offen. Eine der Antworten könnte der Scrum Master sein, wie diese Arbeit ausgeführt hat. In diesem Kontext sind folgende weitere Fragestellungen interessant:

- Ein Scrum Master ist eine Führungskraft, jedoch ohne eigene Mitarbeiter*innen, ohne Weisungsbefugnis. Vielmehr ist es seine*ihre Aufgabe, ein Projektumfeld zu schaffen, in dem ein Scrum-Team die bestmögliche Leistung erbringen kann.[153] Er unterstützt Developerteam, Product Owner und Organisation; ein im Sinne einer Abteilung, eines Amtes oder einer Stabsstelle klar abgegrenztes, gleichbleibendes Aufgabengebiet ist ihm nicht zugeordnet. Damit nimmt er eine in der Verwaltung unübliche Rolle ein. An welcher Stelle der Aufbauorganisation

---

[153] vgl. Schwaber und Sutherland 2020, S. 3

könnte ein Scrum Master in der Verwaltung angesiedelt sein, um diesem Führungsverständnis unabhängig folgen zu können?

- Die Ergebnisse dieser Arbeit zeigen, dass der Einsatz eines Scrum Masters besonders dann sinnvoll ist, wenn er*sie auch als Ansprechpartner*in für klassisches Projektmanagement zur Verfügung steht. Er*sie wirkt dann positiv auf die Kompetenzen im Projektmanagement insgesamt. Wie können diese Erkenntnisse in der Praxis zur Anwendung kommen? Notwendig ist ein Konzept dafür, wie die Rolle eines Scrum Masters den Einzug in die Verwaltung finden kann. Wie sollte das Stellenprofil aussehen, wie lässt sich diese Funktion in der Verwaltung etablieren?

- Es ist klar geworden, dass der Einsatz von Scrum in der reinen Lehre einerseits nicht immer sinnvoll, andererseits auch nicht in jedem Fall möglich ist. Einige Gegebenheiten der Methode – zum Beispiel der Einstieg über ein Product Backlog ohne ausführlichen Projektauftrag oder rechtliche Voraussetzungen – sind so heute noch nicht zu empfehlen. Daraus folgt die Frage, welche maximale Ausdehnung der Scrum-Bestandteile in der Verwaltung derzeit empfehlenswert und praktikabel ist. Um agiles Arbeiten zu leben und damit Erfahrungen zu sammeln, genügt es nicht, ein klassisches Projekt nur mit Daily-Meetings anzureichern. Wie kann eine niedrigschwellige hybride Projektvariante aussehen, die das noch ungeübte Projektteam nicht überfordert, die Vorteile der agilen Arbeitsweise aber ausreichend zur Geltung bringt und die erwartete Effizienzsteigerung möglich macht?

- Die Verwaltung ist im Gegensatz zur Privatwirtschaft stark gesetzlich limitiert und viele Entscheidungen werden in demokratisch legitimierten Gremien getroffen. Braucht die Verwaltung also ein eigenes agiles Skalierungsmodell?

6.3 Ausblick

Agiles Arbeiten ist längst kein Nischenthema mehr. Nicht nur in der Privatwirtschaft entwickelt sich diese Arbeitsweise zu einem wichtigen Faktor, auch die öffentliche Verwaltung hat sich bereits auf den Weg begeben. Ob Kommunen wie die Stadt Karlsruhe mit der IQ-Arbeitsweise[154] oder das Ministerium für Arbeit und Soziales mit der Denkfabrik[155]; agiles Arbeiten findet statt. Es ist davon auszugehen, dass sich dieser Trend fortsetzt und über die nächsten Jahre die meisten Körperschaften erreicht. Aus den Versuchen und Erfahrungen derer, die vorangehen, könnte sich eine für die Verwaltung geeignete, optimierte Idee der Agilität entwickeln, die sich mit den Besonderheiten des öffentlichen Dienstes vereinbaren lässt. Für die Herausforderungen wie die Digitalisierung, den durch die demographische Entwicklung beförderten Mangel an Fach- und Führungskräften oder den Wandel der Arbeitswelt wäre es ein Schritt in die richtige Richtung.

---

[154] vgl. Appelmann und Hettesheimer 2019.
[155] vgl. Startseite - Denkfabrik Digitale Arbeitsgesellschaft 2021.

GLOSSAR

Agilität

Eine Arbeitsphilosophie, die auf einem bestimmten Mindset beruht: Kern ist eine Haltung, die Selbstorganisation und Eigenverantwortung fördert. Genauere Beschreibung in Kapitel 3.2.

Daily (Meeting)

Eines der fünf Scrum-Events: Tägliche Besprechung des Scrum Teams zum Status der Aufgabenerledigung und eventueller Hindernisse.

Definition of Done

Die genaue Definition eines bestimmten Sprintziels: Das Ergebnis eines Sprints muss der Definition of Done entsprechen, um ausgeliefert zu werden.

Developerteam

Die Rolle des Scrum-Teams, die das Sprintziel nach eigener Planung erarbeitet: Es ist interdisziplinär besetzt und organisiert sich selbst. Es wird in der Literatur teilweise auch Entwicklerteam genannt.

Event

Die Regeltermine innerhalb des Frameworks Scrum: Es gibt die fünf Events Sprint, Sprint Planning, Daily, Review und Retrospektive.

Impediment

Hindernis bei der Projektbearbeitung: Es ist ein Sammelbegriff für Schwierigkeiten aller Art, die das Scrum-Team behindern. Es ist die Aufgabe eines Scrum Master, diese Hindernisse zu beseitigen bzw. bei der Beseitigung zu unterstützen.

Increment

Das Teilprojekt, das in einem Sprint erarbeitet wird: Nach der Methode Scrum muss es auslieferbar, also in sich funktionsfähig sein und der Definition of Done entsprechen.

Iterative Vorgehensweise

Arbeiten in gleichförmigen Wiederholungen: Projekte werden in sich wiederholenden Sprints bearbeitet, insbesondere, um regelmäßiges Feedback einholen und berücksichtigen zu können.

Linienorganisation

Klassische Aufbauorganisation im Einlinien-, Mehrlinien- oder Matrixsystem. Zuordnung zu Abteilungen, Ämtern, Aufgabenbereichen. Bildet Zuständigkeiten und Hierarchien ab.

Product Backlog

Aufgabendokumentation im Rahmen der Methode Scrum: Im Backlog wird die Vision sowie die dazu nötigen Teilaufgaben beschrieben, oft in der Form einer User Story.

Product Owner

Eine Rolle des Scrum-Teams: Er*sie steuert das Backlog, ist für den Projekt- bzw. Produkterfolg insgesamt verantwortlich und hält Kontakt mit den Stakeholdern.

Retrospektive

Eines der fünf Scrum-Events: Kern ist das Feedback innerhalb des Scrum-Teams. Besprochen wird die Art der Zusammenarbeit, eventuelle Konflikte oder auch Verbesserungsmöglichkeiten.

Review

Eines der fünf Scrum-Events: Gemeinsam mit den Stakeholdern wird das Ergebnis eines Sprints, ein Increment, betrachtet, besprochen und abgenommen. Auch Änderungswünsche für den weiteren Projektverlauf kommen hier zur Sprache.

Refinement

Prozess der Verfeinerung: Die Aufgaben in Form von User Stories werden zergliedert und verfeinert. Die Anforderungen werden mit Details angereichert und der Aufwand für die Aufgaben geschätzt.

Scrum

Agile Projektmanagement-Methode: In einem einfachen, regelbasierten Framework werden Projekte in einer Abfolge von Sprints bearbeitet.

Scrum-Guide

Anleitung für Scrum: In diesem Dokument werden Philosophie, Bestandteile und Vorgehensweise erläutert. Der Scrum-Guide steht allen Interessierten im Internet zur Verfügung.

Scrum Master
Eine Rolle in Scrum: Er*sie ist Coach und Trainer für die Methode Scrum, begleitet ein Scrum-Team und kümmert sich um auftretende Probleme.

Scrum-Team
Projektteam bestehend aus den drei Scrum-Rollen Product Owner, Developerteam und Scrum Master. Es besteht in der Regel aus maximal zehn Personen.

Sprint
Eines der fünf Scrum Events: Ein Sprint ist ein Projektzyklus, in dem ein Increment erarbeitet wird. Der Sprint bildet einen Rahmen um die vier anderen Events.

Sprint Backlog
Auszug aus dem Product-Backlog: Im Sprint Backlog ist der Teil des Product Backlogs enthalten, der in einem bestimmten Sprint bearbeitet wird.

Stakeholder
Projektbeteiligte außerhalb des Scrum-Teams: Stakeholder können Auftraggeber, Kunden oder weitere am Projekt Beteiligte sein.

Timebox
Zeitlicher Rahmen eines Events: Jedes Event in Scrum hat eine bestimmte Dauer, Timebox genannt. Ein Scrum Master sorgt für die Einhaltung dieser Timebox.

User Story
Darstellungsform eines Aufgabenziels: Die User Story besteht aus drei Teilen in der Form ‚Als [Rolle] möchte ich [Funktionalität] damit ich [Nutzen]'. Beispiel: Als Kund*in (Rolle) möchte ich einen Login (Funktionalität), um meine Daten ändern zu können (Nutzen).

VUCA
Beschreibung komplexer Herausforderungen: Das Akronym steht für volatile, unpredictable, complex, ambiguoues. Übersetzt ins Deutsche wird daraus veränderlich, unsicher, komplex und ambig, also mehrdeutig.

LITERATURVERZEICHNIS

Agile Verwaltung (2018): *Agiles Management: die drei Anwendungsfelder agiler Transformation.* Online verfügbar unter https://agile-verwaltung.org/2018/08/13/agiles-management-die-drei-anwendungsfelder-agiler-transformation/, zuletzt aktualisiert am 12.08.2018, zuletzt geprüft am 11.09.2021.

Appelmann, Björn; Hettesheimer, Jennifer (2019): *Wie agiles Arbeiten in der Stadtverwaltung funktioniert.* In: Innovative Verwaltung (5), S. 41–43.

Bartonitz, Martin; Lévesque, Veronika; Michl, Thomas; Steinbrecher, Wolf; Vonhof, Cornelia; Wagner, Ludger (2018): *Agile Verwaltung. Wie der Öffentliche Dienst aus der Gegenwart die Zukunft entwickeln kann.* Berlin: Springer Gabler.

Beck, Kent; Beedle, Mike; van Bennekum, Arie; Cockburn, Alistair; Cunningham, Ward; Fowler, Martin et al. (2001): *Manifest für agile Softwareentwicklung.* Online verfügbar unter https://agilemanifesto.org/iso/de/manifesto.html, zuletzt geprüft am 13.08.2021.

Bogner, Alexander; Littig, Beate; Menz, Wolfgang (2014): *Interviews mit Experten. Eine praxisorientierte Einführung.* Wiesbaden: Springer Fachmedien.

Bogumil, Jörg; Jann, Werner (2020): *Verwaltung und Verwaltungswissenschaft in Deutschland. Eine Einführung.* Wiesbaden, Germany: Springer VS.

Böhm, Jürgen (2019): *Silberbach: Staats-IT steckt in der Krise.* Online verfügbar unter https://www.dbb.de/artikel/silberbach-staats-it-steckt-in-der-krise.html, zuletzt geprüft am 26.08.2021.

Dechange, André (2020): *Projektmanagement - Schnell erfasst.* Berlin: Springer Gabler.

Demarmels, Sascha (2019): *Agilität und Kommunikation. Agile Kommunikation und Kommunikation im agilen Kontext.* Baden-Baden, Zürich: Nomos Verlag; Versus.

Deutsches Institut für Normung (2009): *DIN 69901-1. Projektmanagement - Netzplantechnik, Beschreibungen und Begriffe.* Berlin: Beuth Verlag.

Eilers, Silke; Möckel, Kathrin; Rump, Jutta; Schabel, Frank (2018): *HAYS HR-Report 2018. Schwerpunkt Agile Organisation auf dem Prüfstand.* Hg. v. Institut für Beschäftigung und Employability (IBE).

Ferreira, Yvonne (2020): *Arbeitszufriedenheit. Grundlagen, Anwendungsfelder, Relevanz.* Stuttgart: Verlag W. Kohlhammer.

Gabex (2021): *Hybrides Projektmanagement,* Gabex GmbH. Online verfügbar unter https://www.gabex.ch/services/hybrid-agil/hybrid-pm/, zuletzt aktualisiert am 23.07.2021, zuletzt geprüft am 11.09.2021.

Germer, Kristof Tobias (2021): *Erfolgreiches Verwaltungsmanagement. Grundlagen für Führungskräfte in der öffentlichen Verwaltung.* Berlin: Springer Gabler.

Gottschick, Jan; Hartenstein, Heiko (2015): *IT-Projekte: Kleiner, feiner, überschaubarer.* Hg. v. Kompetenzzentrum Öffentliche IT und Fraunhofer-Institut für Offene Kommunikationssysteme FOKUS. Berlin. Online verfügbar unter https://www.oeffentliche-it.de/documents/10181/14412/IT-Projekte+kleiner+feiner+%C3%BCberschaubarer, zuletzt geprüft am 30.08.2021.

Hasebrook, Joachim; Kirmße, Stefan; Fürst, Martin (2019): *Wie Organisationen erfolgreich agil werden. Hinweise zur erfolgreichen Umsetzung in Zusammenarbeit und Strategie.* Wiesbaden: Springer Fachmedien.

Hauser, Frank; Schubert, Andreas; Aicher, Mona (2008): *Unternehmenskultur, Arbeitsqualität und Mitarbeiterengagement in den Unternehmen in Deutschland.* Hg. v. Bundesministerium für Arbeit und Soziales. Online verfügbar unter https://www.bmas.de/DE/Service/Publikationen/Forschungsberichte/forschungsbericht-f371.html, zuletzt geprüft am 03.09.2021.

Heilmann, Thomas; Schön, Nadine (2020): *Neustaat. Politik und Staat müssen sich ändern : 64 Abgeordnete & Experten fangen bei sich selbst an - mit 103 Vorschlägen.* München: Finanzbuch Verlag.

Hofert, Svenja (2018): *Das Agile Mindset. Mitarbeiter Entwickeln, Zukunft der Arbeit Gestalten.* Wiesbaden: Gabler.

Känel, Siegfried von (2020): *Projekte und Projektmanagement.* Wiesbaden: Springer Gabler.

Kuster, Jürg; Bachmann, Christian; Huber, Eugen (2019): *Handbuch Projektmanagement. Agil - klassisch - hybrid.* Berlin: Springer Gabler.

Laschet, Armin (2021): *Wir schaffen aus der Krise neue Kraft.* Online verfügbar unter https://www.cdu.de/artikel/armin-laschet-wir-schaffen-aus-der-krise-neue-kraft, zuletzt aktualisiert am 26.08.2021, zuletzt geprüft am 26.08.2021.

Maehrlein, Katharina (2020): *Wie Agilität gelingt. Ein agiles Mindset entwickeln – typische Hürden meistern.* Offenbach: GABAL.

Maltschew, Senta (2019): *Eine Chance für das Projektmanagement.* In: Innovative Verwaltung (3), S. 32–35, zuletzt geprüft am 30.08.2021.

Marquart, Reiner; Pifczyk, Alexander (2019): *Projektmanagement: Klassiche oder agil? Hybrid!* In: Wissensmanagement (5), S. 40–42, zuletzt geprüft am 05.09.2021.

McKinsey (2018): *Die Beste, bitte: Wie der öffentliche Sektor als Arbeitgeber punkten kann.* Hg. v. McKinsey & Company. Online verfügbar unter https://www.mckinsey.de/~/media/mckinsey/locations/europe%20and%20middle%20east/deutschland/news/presse/2019/2019-04-03%20die%20besten%20bitte/20190402_die%20besten%20bitte_studie%2Cfachkrftemangel%20ffentlicher%20sektor.ashx, zuletzt geprüft am 03.09.2021.

Meier-Schmidt, Gabriele (2021a): *Aufbau klassissches Projektteam.*

Meier-Schmidt, Gabriele (2021b): *Projektmanagement nach der Wasserfallmethode.*

Meister, Jens (2021): *Projektmanagement bei der Stadtverwaltung Freiburg.* Interview mit Gabriele Meier-Schmidt. Freiburg. Das Interview liegt der Verfasserin der Arbeit vor.

myconsult GmbH (2021): myconsult GmbH: *„Ab ins Gedränge!" Oder, was ist eigentlich Scrum?* Online verfügbar unter https://myconsult.de/de/neuigkeiten/artikel/ab-ins-gedrange-oder-was-ist-eigentlich-scrum, zuletzt aktualisiert am 08.09.2021, zuletzt geprüft am 08.09.2021.

Peters, Theo; Schelter, Nicole (2021): *Kompakte Einführung in das Projektmanagement. Mit vielen praxisnahen Beispielen und modernen didaktischen Instrumenten.* Wiesbaden: Springer Fachmedien Wiesbaden; Imprint: Springer Gabler.

Schröder, Axel (2020): *Der AgileCoach. Der Menschen-größer-Macher.* München: Carl Hanser Verlag GmbH & Co. KG.

Schwaber, Ken; Sutherland, Jeff (2020): *Der Scrum Guide. Der gültige Leifaden für Scrum: Die Spielregeln.* Offizielle scrum.org Website. Online verfügbar unter https://scrumguides.org/docs/scrumguide/v2020/2020-Scrum-Guide-German.pdf, zuletzt geprüft am 03.08.2021.

Seckelmann, Margrit (Hg.) (2021): *Handbuch Onlinezugangsgesetz. Potenziale - Synergien - Herausforderungen.* Springer-Verlag GmbH. Berlin: Springer Berlin; Springer.

Silberbach, Ulrich (2018): *Öffentlicher Dienst der Zukunft: Mobil, agil, divers und digital.* Online verfügbar unter https://www.dbb.de/artikel/oeffentlicher-dienst-der-zukunft-mobil-agil-divers-und-digital.html, zuletzt aktualisiert am 26.08.2021, zuletzt geprüft am 26.08.2021.

Simschek, Roman (2020): *Agilität? Frag doch einfach! Klare Antworten aus erster Hand.* München: UVK Verlag.

Startseite - Denkfabrik Digitale Arbeitsgesellschaft (2021). Online verfügbar unter https://www.denkfabrik-bmas.de/, zuletzt aktualisiert am 11.09.2021, zuletzt geprüft am 11.09.2021.

Tan, David (2021): *Projektmanagement in der öffentlichen Verwaltung.* Interview mit Gabriele Meier-Schmidt. Freiburg. Das Interview liegt der Verfasserin der Arbeit vor.

Triffert, Alexander (2017): *Coaching von Mitarbeitern im persönlichen Verkauf.* Wiesbaden: Springer Fachmedien.

Wald, Andreas; Spanuth, Thomas; Schneider; Christoph; Futterer, Fabian; Schnellbächer, Benedikt; Schoper, Yvonne (2015): *Makroökonomische Vermessung der Projekttätigkeit in Deutschland.* Hg. v. GPM Deutsche Gesellschaft für Projektmanagement e.V. in Kooperation mit der EBS Universität für Wirtschaft und Recht. Online verfügbar unter https://www.gpm-

ipma.de/know_how/studienergebnisse/makrooekonomische_vermessung_der_proje
kttaetigkeit_in_deutschland.html, zuletzt geprüft am 30.08.2021.

Weber, Max; Hanke, Edith; Morlok, Christoph; Baier, Horst (2015): *Wirtschaft und Gesellschaft*. Gesamtregister. Tübingen: Mohr (Gesamtausgabe Schriften und Reden, Bd. 25).

Wintersteiger, Andreas (2018): *Scrum. Schnelleinstieg*. Frankfurt am Main: entwickler.press.